中华经典藏书

方韬 译注

山海经

中华书局

图书在版编目（CIP）数据

山海经/方韬译注. —北京：中华书局，2016.3（2025.3
重印）
（中华经典藏书）
ISBN 978-7-101-11570-3

Ⅰ.山… Ⅱ.方… Ⅲ.①历史地理-中国-古代②《山海经》
-译文③《山海经》-注释 Ⅳ.K928.631

中国版本图书馆 CIP 数据核字（2016）第 032822 号

书　　名	山海经
译 注 者	方　韬
丛 书 名	中华经典藏书
责任编辑	周　旻
装帧设计	毛　淳
责任印制	陈丽娜
出版发行	中华书局
	（北京市丰台区太平桥西里 38 号　100073）
	http://www.zhbc.com.cn
	E-mail:zhbc@zhbc.com.cn
印　　刷	河北博文科技印务有限公司
版　　次	2016 年 3 月第 1 版
	2025 年 3 月第 14 次印刷
规　　格	开本/880×1230 毫米　1/32
	印张 12⅞　插页 2　字数 180 千字
印　　数	267001-277000 册
国际书号	ISBN 978-7-101-11570-3
定　　价	26.00 元

前　言

　　在我国古代浩如烟海的文化典籍中，《山海经》是相当独特的一部。它涵盖了上古地理、天文、历史、神话、气象、动物、植物、矿藏、医药、宗教等方面的诸多内容，可以说是上古社会生活的一部百科全书。纵观中华五千年文明史，这样的奇书实在是独一无二。它对于我们认识和研究上古文明起着举足轻重的作用。

　　《山海经》顾名思义，它是以山为经，以海为纬来记述上古社会的。书中的"山海"观念囊括了名山棋布的海内华夏和四海之外的广大世界，含有天下和全世界的意义。"经"是经历、经过的意思，有别于儒家的经典义。综合而言，《山海经》是上古先民对自己经行世界的一次记述。

　　据汉代学者刘歆所说，《山海经》的作者为大禹及其属臣益，所以他认定该书的撰著时间为上古的虞夏之际。可以肯定的是，书中大量的神话确实源自上古的口耳相传，但说全书皆为虞夏之物显然是证据不足的。现代学者研究后认为《山海经》并非作于一人一时，而是经过漫长的时间才不断增益成书。古时的《山海经》还附有图画，晋代大诗人陶渊明就有"流观山海图"的名句。可惜，这些图画早已失传了。我们今天看到的《山海经》共十八卷，三万一千余字，其中《山经》五卷，《海经》八卷，《大荒经》四卷，《海内经》一卷。据统计，全书记载山名五千三百多处，水名二百五十余条，动物一百二十余种，植物五十余种。至于散布全书的神话传说，更是俯拾皆是。袁珂先生称赞《山海经》"非特史地之权舆，亦乃神话之渊府"，真是恰如其分。

《山海经》中的神话资料为我国传世典籍之最。在《山海经》里，我们可以看见大量光怪陆离的神仙。南次三山有龙身人面的山神，而西次二山的神仙有的是人面马身，有的是人面牛身。这些半人半兽的形状究竟有何意味？实际上，这是原始先民对自然和祖先的一种祭祀形式，半人半兽是原始人的幻想，是人类早期思维的投影。通过描绘这些半人半兽的神仙，先民们对祖先的图腾崇拜就点点滴滴折射出来。此外，从许多近代探险家的报告中，我们还读到此类半兽半人的记载，学者们认为这可能源于较先进的文明在观察原始文明时产生的一种优越感，如同我国古代华夏称四夷为狄、猡等兽类一样。《山海经》中的某些内容也反映出中原士人对域外文明认知的偏差。

渴求长生不老，是人类美好的愿望。《史记》中就有秦皇汉武为了求索一剂仙药，不惜一掷千金的记载。《山海经》更是把先民追求长生不死的信念表现得淋漓尽致。《海内经》有不死之山，《大荒南经》有阿姓的不死之国，大荒山上有不死之人，西王母有不死之药，昆仑山上有不死的神树等等。古人希望自己能突破自然生命的限制，让凡俗的肉身与日月江河一样长存不息。于是他们放眼海外，幻想在遥远的昆仑山上有不死的仙药，在世外的桃源有不死的仙民。事实上，《山海经》中弥漫的长生求仙思想与春秋战国以来兴起的神仙思想是一致的，也为今天我们探求《山海经》的成书提供了一条线索。

翻开《山海经》，更让我们感动的是英雄神话。《海外北经》记述了夸父追日的故事，太阳的烈焰最终夺去了夸父的生命，却无法动摇他追逐光明的决心。《北山经》中的精卫也是一个矢志不移的形象。浩瀚的东海因为精卫鸟的不懈努力而日益变浅，在这个故事中，生命的顽强和尊严得以彰显。《海外西经》的刑天虽然被天帝砍掉脑袋，却仍不肯放弃手中抗争的武器。这些宝贵的神话资源到诗人们手里，就变成了一篇篇脍炙人口的作品。陶渊明有《读〈山海经〉》十三首，其中"刑天舞干戚，猛志固常在"更是千古传诵的名句。《镜花缘》、《红楼梦》也大量从《山海经》中取材。《镜花缘》中出现的长臂、结胸等国度即直接来源于《海外南经》的长臂国和结胸国。《红楼梦》一开篇即是大荒山和女娲补天的故事，把读者的思绪与《山海经》紧密对接。鲁迅《故事新编》的许多内容也源于《山海经》，究其原因恐怕还要追溯到长妈妈给哥儿买的那本《山海经》吧！

　　《山海经》的神话资源固然丰富，它的史学价值也不应被忽视。今天的学术界，越来越重视《山海经》作为信史的一面。当我们拨开罩在它头上的神秘面纱，追踪到的是上古先民的足迹。书中的肃慎国、匈奴国、犬戎国、氐人国都是秦汉时期曾经在我国北方频繁活动的古族。《山海经》里关于上古社会的传说往往含有对中华文明起源的追忆。《海外北经》记载了炎黄两个部落的战争，实际上反映了炎黄两个古族逐渐融合共同构成为华夏族的史实。不论是海内还是海外，射箭者都不敢向轩辕台引弓，可见黄帝作为华夏始祖在先民心目中的崇高地位。尤其是在《海内经》中，还详细叙述了炎帝、黄帝、舜的世系，这对我们研究上古文明更是有着不可估量的价值。

　　《山海经》中随处可见的山名和水名，常常能与古代的地名相印证，为我们研究史地提供帮助。《西山经》里有崦嵫之山，它的位置在今天的甘肃天水西境。在大诗人屈原的《离骚》里有"望崦嵫而勿迫"一句，恰与《山海经》相吻合。《海内西经》记载黄河发源于昆仑山最终流入渤海的一段，可以为研究黄河变迁的学者提供资料，同时也可以与《尚书·禹贡》的内容进行比较研究。《山海经》作者对有些地名的位置把握十分准确，即使用现代的眼光衡量，也令人钦佩。《海内东经》中对蓬莱山、琅邪台、会稽山的方位描述得清晰明确，与今天它们实际的位置相差无几。值得注意的是，书中多次提到昆仑山和黄河。昆仑山是万山之宗，黄河是百河之祖，这对我们重新认识华夏族起源地是有着积极意义的。

《山海经》像是一块五彩的宝石，我们不管从哪个角度去看，都会发现惊喜。漫步在《山海经》里，我们犹如走进了伊甸园，满眼是奇花异草，到处是猛兽珍禽。智慧的先民们不止流连其间，更重视它们的实用价值。在《山经》中，作者在细致描绘花草禽兽的基本特征之后，总要指出它们给人带来的利弊。书中特别重视动植物的药用功能，一部《山海经》就如同一部上古的《本草纲目》。同时，《山海经》对各地的矿藏资源也十分留意。色彩斑斓的宝石，光芒夺目的金银，简直是满山遍野，俯拾皆是。从先民的这些记叙中，我们看出他们了解自然的目的是为了更好地服务人类。在他们对山神祭祀的虔诚态度里，我们感受到的是一颗敬畏自然的心，而这点正是现代人所缺乏的。今天，我们高扬和谐社会的旗帜，先民们的智慧应该能对我们有所启示吧！

自汉代以来，《山海经》就备受学者文士的重视。《山海经》的书名最先见于《史记·大宛列传》。西汉末年，刘向、刘歆父子对《山海经》作了校勘整理，形成了后世的定本。今天我们知道最早注释《山海经》的是晋人郭璞。郭璞是西晋著名的学者，学识渊博，尤精于文字训诂。他对《山海经》的注释颇为精当，郭注成为后世研究《山海经》的必读书。西晋太康年间，汲冢出土了《穆天子传》，其中有周穆王见西王母的传说，这也大大刺激了当时人对《山海经》的关注。清代小学发达，王念孙、郝懿行、毕沅、汪绂等在郭璞注的基础上，进一步整理注释《山海经》，取得了丰硕的成果。今人袁珂先生毕生致力于《山海经》的研究，有《山海经校注》、《山海经校译》、《山海经全译》诸书问世，对研究和普及《山海经》起了相当重要的作用。

《山海经》的版本以明清本最常见，宋刻元椠较稀少。有学者推测，早在北宋，篇幅较小的地理类著作《山海经》应先于《水经注》刊刻。而传世最早的刻本是南宋淳熙七年（1180）尤袤池阳郡斋主持刊刻的《山海经》郭璞注本，现藏于国家图书馆。而元刊本《山海经》十八卷一函四册为《天禄琳琅书目》著录，此外还有元曹建抄本传世。明刻本则较丰富，诸如道藏本、成化国子监刊本、黄省曾刊本、潘侃前山书屋校勘宋本、毛晋汲古阁刻本等。其中，成化四年（1468）国子监刻本是官刻本，故其刻印精良，国内多家图书馆都有收藏。明代嘉靖十五年（1536）前山书屋刻本以宋本为底本校勘，质量亦视寻常坊间本为高，今上海图书馆、浙江图书馆有藏。明抄本中佼佼者为成化年间吴宽抄本，其不仅书法精美，亦富有校勘价值，今藏于国家图书馆。清代刻本有何焯本、黄晟本、《四库全书》本、《百子全书》本等。今日流传较广的是《四部丛刊》本和《二十二子》本。

与其他先秦典籍相比，《山海经》的篇章错简与文字讹误是历代争论不休的问题。因此直接选用宋刻池阳郡斋本为底本并非最佳。所幸清代以来，学者已做了大量的文献整理与复原工作。其中，郝懿行、袁珂的贡献引人瞩目。职是之故，笔者这次译注，选择清代郝懿行《山海经笺疏》为底本，而部分卷次的分合上，参考了袁珂先生的《山海经校译》。在文本的注释上，尽可能仔细甄别郭璞、郝懿行、袁珂三家注，同时也努力吸收时彦的最新成果。需要说明的是，限于丛书体例，笔者在注释中略去书证，对于《山海经》中的古字古音，也尽可能遵循现代汉语的习惯，以方便读者。《山海经》向称古奥，以笔者之陋实难尽其精微。书中的错讹必有不少，敬请读者诸君不吝赐教。

方　韬
2016 年 2 月

目　录

卷一

南山经

南山经主要介绍南方三大山系的地貌矿藏和怪兽珍禽，以及各大山系的山神祭祀情况。三大山系共辖有大小四十座山脉，总长度有一万六千三百八十里。

第一山系，招摇山上有吃了不会饥饿的神草祝馀；杻阳山上有会吟唱的怪兽鹿蜀；柢山上有长着翅膀的鲢鱼，吃了它可以防治疾病；青丘山上有叫灌灌的鸟，人们佩戴它可以不受蛊惑。

在第二山系，有食人的猛兽彘和蛊雕。

在第三山系，丹穴山和南禺山上有德鸟凤凰，它一出现就意味着天下将会太平；仑者山上有神木白蓉，人吃了它不会饥饿，还可以解除疲劳。

南山之首曰誰山①。其首曰招摇之山，临于西海之上，多桂，多金玉②。有草焉，其状如韭而青华③，其名曰祝馀，食之不饥。有木焉，其状如榖而黑理，其华四照④，其名曰迷榖⑤，佩之不迷。有兽焉，其状如禺而白耳⑥，伏行人走，其名曰狌狌⑦，食之善走。丽麚之水出焉⑧，而西流注于海，其中多育沛⑨，佩之无瘕疾⑩。

【注释】

①誰（què）山：传说中的山名。

②金玉：金属矿物和玉石。

③华：亦作"花"。

④其华四照：光华照耀四方。华，光华，光辉。

⑤迷榖（gǔ）：古代传说中的一种木本植物的名称。

⑥禺（yù）：猿似猕猴者。

⑦狌狌（xīng）：即猩猩。

⑧丽麚（jǐ）：古代传说中的水名。

⑨育沛：水中生长的一种植物名称。

⑩瘕（jiǎ）疾：即蛊胀病。

【译文】

南方的第一列山系叫做誰山。这山系的第一座叫招摇山，它高高地耸立在西海边上，山上生长着大片的桂树，山里蕴藏着丰富的金属和玉石。山里有种草，样子很像韭菜，开青色的花朵，这草的名字叫祝馀，吃了它不会感到饥饿。山里有种树，形状像构树，有黑色的纹理，其光华照耀四方，这树的名字叫迷穀，把它佩戴在身上就不会迷路。山里有种野兽，样子像长尾猿，头上长着一对白色的耳朵，匍匐着向前走，也能像人一样直立行走，这野兽的名字叫狌狌，吃了它的肉可以走得很快。丽麐水就从这座山发源，之后向西注入大海，附近的水中生有大量的育沛，把它佩戴在身上，就不会得蛊胀病。

又东三百里，曰堂庭之山^①，多棪木^②，多白猿，多水玉，多黄金。

【注释】

①堂庭：即今洞庭，在湖南境内。今洞庭湖滨人称洞庭音如堂庭。

②棪（yǎn）：即今之苹果。

【译文】

再往东三百里的地方，有座堂庭山，山上生长着大量的棪木，有数量众多的白色猿猴，山里还盛产水晶和黄金。

又东三百八十里，曰即翼之山，其中多怪兽，水多怪鱼，多白玉，多蝮虫^①，多怪蛇，多怪木，不可以上。

【注释】

①蝮虫：即反鼻虫。传说中的毒蛇名。虫，古"虺"字。

【译文】

再往东三百八十里，有座即翼山，山上多产怪兽，附近的水里出产大量怪鱼，山里白玉储量丰富，也有很多反鼻虫，山里有很多奇蛇和怪木，这山险峻不可攀登。

又东三百七十里，曰杻阳之山^①，其阳多赤金，其阴多白金。有兽焉，其状如马而白首，其文如虎而赤尾，其音如谣^②，其名曰鹿蜀^③，佩之宜子孙。怪水出焉，而东流注于宪翼之水。其中多玄龟，其状如龟而鸟首虺尾^④，其名曰旋龟，其音如判木^⑤，佩之不聋，可以为底^⑥。

【注释】

①杻（niǔ）阳：山名。

②谣：古代不用乐器伴奏的清唱。

③鹿蜀：古代传说中的兽名。

④虺（huǐ）：毒蛇。

⑤判：剖开，一分为二。

⑥为：治。底：通"胝"，脚底的厚茧。

【译文】

再往东三百七十里，有座杻阳山，这山的南边盛产赤金，山的北边盛产白金。有种野兽，样子像马，脑袋是白色的，它身上的斑纹像虎纹，尾巴是红色的，叫的声音如同人在吟唱，这野兽的名字叫鹿蜀，如果把它的毛皮佩戴在身上，可以使子孙繁衍不息。怪水就从这山发源，之后向东流注入宪翼水。怪水里生长着大量红黑色的乌龟，它的样子像普通乌龟，却长着鸟的头，毒蛇样的尾巴，它的名字叫旋龟，旋龟叫的声音像剖开木头的声音，把它佩带在身上耳朵就不会聋，还可以治疗足底的老茧。

又东三百里，曰柢山①，多水，无草木。有鱼焉，其状如牛，陵居，蛇尾有翼，其羽在鲑下②，其音如留牛，其名曰鲑③，冬死而夏生，食之无肿疾。

【注释】

①柢（dǐ）山：传说中的山名。

②鲑（xié）：也作"胁"。鱼的肋骨部位。

③鲑（lù）：传说中的一种怪鱼。

【译文】

再往东三百里，有座柢山，山中多水，不长花草树木。有一种鱼，形状如牛，住在山坡上，长着蛇一样的尾巴，有翅膀，翅膀就长在肋下，它的声音像牦牛，这种鱼的名字叫鲑，这鱼冬天蛰伏夏天苏醒，吃了它就不会患痈肿病。

又东四百里，曰亶爰之山①，多水，无草木，不可以上。有兽焉，其状如狸而有髦②，其名曰类，自为牝牡③，食者不妒。

【注释】

①亶爰（chányuán）：传说中的山名。

②髦（máo）：泛指动物头颈上的长毛。

③牝（pìn）牡：鸟兽的雌性和雄性。牝，鸟兽的雌性。牡，鸟兽的雄性。

【译文】

再往东四百里，有座亶爰山，山间多水，山里草木不生，这座山非常险峻不可攀登。山里有种野兽，形状像野猫，脑袋上有毛发，它的名字叫类，这野兽有雌雄两种生殖器官，可以自行交配，人吃了它就不会过分妒忌。

又东三百里，曰基山，其阳多玉，其阴多怪木。有兽焉，其状如羊，九尾四耳，其目在背，其名曰猼訑①，佩之不畏。有鸟焉，其状如鸡而三首六目、六足三翼，其名曰鸓鸺②，食之无卧。

【注释】

①猼訑（bóshì）：传说中的一种怪兽名。

②鸓鸺（chǎngfū）：传说中的一种鸟名。鸓，也作"鸓"。

【译文】

再往东三百里，有座基山，这座山的南边盛产玉石，山的北边生长着很多怪木。山里有种野兽，形状像羊，长着九条尾巴和四只耳朵，眼睛是生在背上的，它的名字叫猼訑，佩戴它的皮毛就不会恐惧。山里有种鸟，形状像鸡，却长了三个脑袋六只眼睛，还有六条腿三只翅膀，它的名字叫鸓鸺，吃了它，人会精神亢奋睡不着觉。

又东三百里，曰青丘之山，其阳多玉，其阴多青䨼①。有兽焉，其状如狐而九尾，其音如婴儿，能食人；食者不蛊②。有鸟焉，其状如鸠，其音若呵③，名曰灌灌，佩之不惑。英水出焉，南流注于即翼之泽。其中多赤鱬④，其状如鱼而人面，其音如鸳鸯，食之不疥⑤。

【注释】

①青䨼（huò）：青色的善丹。古人认为可以做美好的颜料。

②蛊（gǔ）：诱惑，迷乱。

③呵（hē）：呵斥，斥骂。

④赤鱬（rú）：类似今方头鱼，头高，呈长方形，分布在我国沿海。

⑤疥（jiè）：疥疮。另有一说认为，"疥"当为"疾"。

【译文】

再往东三百里，有座青丘山，这山的南边盛产玉石，山的北边盛产青䨼。山里有种怪兽，形状像狐狸，长有九条尾巴，叫声像婴儿的啼哭，吃人；人若吃了它，就可以不沾染妖邪之气。山里有种形状像雄鸠的鸟，发出的声音像人在斥骂，它的名字叫灌灌，把它佩带在身上可以不迷惑。英水就发源于这座山，之后向南流注入即翼泽。附近的水里盛产赤鱬，它的形状像鱼，有着一张人样的脸，声音像鸳鸯，吃了它可以不生疥疮。

又东三百五十里，曰箕尾之山①，其尾踆于东海②，多沙石。泛水出焉③，而南流注于淯④，其中多白玉。

【注释】

①箕尾之山：即今黄山与天目山之合称。

②踆（dūn）：古"蹲"字。蹲，踞也。

③泛（fāng）水：古水名。

④淯（yù）：古水名。即河南白河，为汉江支流。

【译文】

再往东三百五十里，有座箕尾山，这山的尾部盘踞在东海岸上，山里有大量沙石。从山里流出的河叫泛水，它南流注入淯水，附近的水里盛产白色的玉石。

凡䧿山之首，自招摇之山，以至箕尾之山，凡十山，二千九百五十里。其神状皆鸟身而龙首。其祠之礼：毛用一璋玉瘗①，糈用稌米②，一璧，稻米、白菅为席③。

【注释】

①毛：带毛的动物祭品。瘗（yì）：埋。

②糈（xǔ）：祭祀用的精米。稌（tú）米：稻米。

③菅（jiān）：植物名。多年生草本，叶子细长而尖，花绿色。茎可作绳织履，茎叶之细者可以覆盖屋顶。

【译文】

䧿山山系，从招摇山到箕尾山一共有十座山，长约二千九百五十里。这些山的山神都是鸟身龙头。祭祀诸山的礼仪如下：把带毛的动物祭品与一块璋、一块玉一起埋在地里，祭祀的精米用稻米，拿白茅来做神的坐席。

南次二山之首，曰柜山①，西临流黄②，北望诸毗③，东望长右。英水出焉，西南流注于赤水，其中多白玉，多丹粟④。有兽焉，其状如豚，有距⑤，其音如狗吠，其名曰狸力，见则其县多土功。有鸟焉，其状如鸱而人手⑥，其音如痺⑦，其名曰鴸⑧，其名自号也，见则其县多放士⑨。

【注释】

①柜（jǔ）山：山名。

②流黄：即流黄酆氏、流黄辛氏，国名，见《海内西经》及《海内经》。

③诸毗（pí）：山名，亦水名。

④丹粟：像粟粒一样的红色细沙。

⑤距：这里指鸡足。

⑥鸱（chī）：鹞鹰。

⑦痺（bēi）：类似鹌鹑。

⑧鴸（zhū）：传说中的鸟名。

⑨放士：被放逐的人才。

【译文】

南方第二列山系的第一座山叫做柜山，这山的西边靠近流黄酆氏和流黄辛氏国，北边与诸毗山相望，东边与长右山相望。英水就发源于这座山，之后向西南流注入赤水，附近的水里出产大量白色的玉石，还出产很多像粟粒一样的红色细沙。山里有种野兽，形状像小猪，长着一对鸡足，声音像狗叫，它的名字叫狸力，这野兽出现在哪个郡县，那里一定会有繁重的工程。山里有种鸟，形状像鹞鹰，它的脚像人手，叫声像鹌鹑，它的名字叫鴸，这名字就是从它自己鸣叫声中呼唤出来的，这鸟出现的哪个郡县，那里才智之士多被流放。

东南四百五十里，曰长右之山，无草木，多水。有兽焉，其状如禺而四耳①，其名长右，其音如吟②，见则其郡县大水。

【注释】

①禺（yù）：长尾猿。

②吟：呻吟。

【译文】

往东南四百五十里的地方，有座长右山，山上没有任何草木，但是水源却很丰富。有一种兽，形状像长尾猿，长着四只耳朵，它的名字叫长右，它的声音像人呻吟，它所出现的郡县，定会发生大水灾。

又东三百四十里，曰尧光之山，其阳多玉，其阴多金。有兽焉，其状如人而彘鬣①，穴居而冬蛰②，其名曰猾裹③，其音如斫木④，见则县有大繇⑤。

【注释】

①彘鬣（zhìliè）：猪身上长得长而刚硬的毛。彘，猪。

②蛰（zhé）：动物冬眠，潜伏起来不食不动。

③猾裹（huái）：一种形状像人的怪兽。

④斫（zhuó）木：砍伐树木。

⑤繇（yáo）：徭役。繇，通"徭"。

【译文】

　　再往东三百四十里，有座尧光山，这座山的南边出产大量的玉石，山的北边出产丰富的金属。山里有种野兽，形状像人，脖子上长着猪一样刚硬的鬣毛，它住在山洞里，冬季蛰伏不出，名字叫猾裹，它的声音像砍伐木头的声音，它所出现的郡县一定会有繁重的徭役。

　　又东三百五十里，曰羽山，其下多水，其上多雨，无草木，多蝮虫①。

【注释】

①蝮虫：即反鼻虫。传说中的毒蛇名。虫，古"虺"字。

【译文】

　　再往东三百五十里，有座羽山，这座山的下边有很多流水，这座山上经常下雨，却不生任何的花草树木，山里到处是反鼻虫。

　　又东三百七十里，曰瞿父之山，无草木，多金玉。

【译文】

再往东三百七十里，有座瞿父山，这座山上光秃秃的没有任何花草树木，却蕴藏着丰富的金属和玉石。

又东四百里，曰句馀之山，无草木，多金玉。

【译文】

再往东四百里，有座句馀山，这座山上草木不生，山里蕴藏着丰富的金属和玉石。

又东五百里，曰浮玉之山，北望具区①，东望诸毗。有兽焉，其状如虎而牛尾，其音如吠犬，其名曰彘，是食人。苕水出于其阴②，北流注于具区。其中多鲨鱼③。

【注释】

①具区：即今之太湖。

②苕水：古水名。在今浙江境内。

③鲨（cǐ）鱼：即今太湖中生长的刀鱼。该鱼头狭长，大的长约一尺。

【译文】

再往东五百里，有座浮玉山，北边可看见具区泽，东边可以看见诸毗水。山里有种野兽，样子像老虎，却长着牛一样的尾巴，它的叫声像狗吠，这种野兽的名字叫彘，吃人。苕水就发源在山的北边，之后向北流注入具区泽。

苕水盛产鳖鱼。

又东五百里，曰成山，四方而三坛，其上多金玉，其下多青䨼。阆水出焉^①，而南流注于虖勺^②，其中多黄金。

【注释】

①阆（zhuō）水：水名。

②虖勺（hūshuò）：水名，古人认为即南滹沱水。

【译文】

再往东五百里的地方，有座成山，这山的形状是四方的，像垒起来的土坛，一共有三层，山上蕴藏着丰富的金属和玉石，山下盛产青䨼。阆水就发源于这座山，之后向南流注入虖勺水，水里黄金储量丰富。

又东五百里，曰会稽之山，四方，其上多金玉，其下多砆石^①。勺水出焉，而南流注于湨^②。

【注释】

①砆（fū）石：即武夫石，近似玉石。

②湨（jú）：水名。疑即今之瓯江。

【译文】

再往东五百里，有座会稽山，这座山是四方形的，山上蕴藏着丰富的金属和玉石，山下盛产像玉石的武夫石。勺水就发源于这座山，之后向南流注入湨水。

又东五百里，曰夷山，无草木，多沙石，㵻水出焉，而南流注于列涂。

【译文】

再往东五百里，有座夷山，这山上草木不生，遍布石头和沙砾。㵻水就发源于这座山，之后向南流注入列涂水。

又东五百里，曰仆勾之山，其上多金玉，其下多草木，无鸟兽，无水。

【译文】

再往东五百里，有座仆勾山，山上蕴藏着丰富的金属和玉石，山下草木茂盛，但是没有任何飞禽走兽，也没有水。

又东五百里，曰咸阴之山，无草木，无水。

【译文】

再往东五百里，有座咸阴山，这山上没有任何草木，也没有水。

又东四百里，曰洵山，其阳多金，其阴多玉。有兽焉，其状如羊而无口，不可杀也，其名曰𤟤①。洵水出焉，而南流注于阏之泽②，其中多茈蠃③。

【注释】

①羬（huàn）：形状像羊的怪兽。

②阏（è）：湖泊名。

③茈蠃（zǐluó）：紫色的螺。

【译文】

再往东四百里，有座洵山，这山的南边盛产金属，山的北边盛产玉石。山里还有种野兽，形状像羊但没有嘴巴，不吃东西也能生活自如，它的名字叫羬。洵水就发源于此山，之后向南流注入阏泽，洵水盛产紫色螺。

又东四百里，曰虖勺之山，其上多梓楠，其下多荆杞。滂水出焉，而东流注于海。

【译文】

再往东四百里，有座虖勺山，山上生长着大量的梓树和楠树，山下生长着数量众多的牡荆、枸杞一类的灌木。滂水就发源于这座山，之后向东流注入大海。

又东五百里，曰区吴之山，无草木，多沙石。鹿水出焉，而南流注于滂水。

【译文】

再往东五百里，有座区吴山，山上不长任何草木，有大量沙石。鹿水就发源于此山，之后向南流注入滂水。

又东五百里，曰鹿吴之山，上无草木，多金石。泽更之水出焉，而南流注于滂水。水有兽焉，名曰蛊雕，其状如雕而有角，其音如婴儿之音，是食人。

【译文】

再往东五百里，有座鹿吴山，山上不长草木，盛产金属和玉石。泽更水发源于这座山，向南流注入滂水。水中有一种野兽，名字叫蛊雕，形状像大雕而头上长着角，它的叫声像婴儿的啼哭，吃人。

东五百里，曰漆吴之山，无草木，多博石^①，无玉。处于海，东望丘山，其光载出载入，是惟日次^②。

【注释】

①博石：博即博棋。博石指可以做棋子的石头。

②次：停留，休息。

【译文】

再往东五百里，有座漆吴山，山上不长任何草木，却出产很多可以来做围棋子的博石，山里不产玉石。这山靠近大海，向东望去可以看见一片起伏的丘陵，远处有若明若暗的光影，那是太阳休憩的地方。

凡南次二山之首，自柜山至于漆吴之山，凡十七山，七千二百里。其神状皆龙身而鸟首。其祠：毛用一璧瘗①，糈用稌②。

【注释】

①瘗（yì）：埋。

②糈（xǔ）：祭祀用的精米。稌（tú）：稻米。

【译文】

南方第二列山系，从柜山到漆吴山一共有十七座，行经七千二百里。诸山山神都是龙身鸟头。祭祀礼仪如下：把带毛的动物祭品与一块玉璧一起埋掉，祭祀的精米用稻米。

南次三山之首，曰天虞之山，其下多水，不可以上。

【译文】

南方第三列山系的第一座山叫天虞山，山下多水，山势险峻不可攀登。

东五百里，曰祷过之山，其上多金玉，其下多犀兕，多象。有鸟焉，其状如鹪①，而白首、三足、人面，其名曰瞿如，其鸣自号也。泿水出焉②，而南流注于海。其中有虎蛟③，其状鱼身而蛇尾，其音如鸳鸯，食者不肿，可以已痔。

【注释】

①鹪（jiāo）：鸟名。像野鸭子而略小些，脚靠近尾巴。

②泿（yín）水：古水名。上游是今广西壮族自治区东北部的洛清江，中下游为柳江、黔江、西江。

③虎蛟：一种四足的龙。

【译文】

往东五百里，有座祷过山，山上蕴藏着丰富的金属和玉石，山下有大量的犀牛、兕和象。有一种鸟，形状像鸡，头是白色的，三只脚，还长着人的脸，它的名字叫瞿如，它的叫声就是自己的名字。泿水发源于这座山，然后向南流去，注入大海。其中有虎蛟，长的是鱼的身子，蛇的尾巴，它的叫声同鸳鸯的叫声一样，人们如果吃了它，可以不患痈肿病，又可以治疗痔疮。

又东五百里，曰丹穴之山，其上多金玉。丹水出焉，而南流注于渤海。有鸟焉，其状如鸡，五采而文，名曰凤皇，首文曰德，翼文曰顺，背文曰义，膺文曰仁①，腹文曰信。是鸟也，饮食自然，自歌自舞，见则天下安宁。

【注释】

①膺（yīng）：胸。

【译文】

再往东五百里，有座丹穴山，山上蕴藏着丰富的金属和玉石。丹水发源于这座山，往南流注入渤海。有一种鸟，形状像鸡，披着五色的羽毛，名叫凤凰，它头上的花纹呈“德”字，翅膀上的花纹呈“顺”字，背上的花纹呈“义”

字，胸脯上的花纹呈"仁"字，肚腹上的花纹呈"信"字。这种鸟饮食从容不迫，悠然自得，它自己唱歌，自己跳舞，只要它一出现天下就会安宁。

又东五百里，曰发爽之山，无草木，多水，多白猿。汎水出焉①，而南流注于渤海。

【注释】

①汎（fàn）水：古代流入渤海的一条水名。

【译文】

再往东五百里，有座发爽山，山上不生草木，到处是水，还有很多白猿。汎水发源于这座山，往南流注入渤海。

又东四百里，至于旄山之尾，其南有谷，曰育遗，多怪鸟，凯风自是出①。

【注释】

①凯风：南风。

【译文】

再往东四百里，便到了旄山的尾部，它的南面有一道山谷，叫做育遗谷，山谷中怪鸟很多，凯风从这里吹出。

又东四百里，至于非山之首，其上多金玉，无水，其下多蝮虫。

【译文】

再往东四百里，就到了非山的头部，山上蕴藏着丰富的金属和玉石，没有水，山下有许多反鼻虫。

又东五百里，曰阳夹之山，无草木，多水。

【译文】

再往东五百里，有座阳夹山，山上草木不生，多水。

又东五百里，曰灌湘之山，上多木，无草。多怪鸟，无兽。

【译文】

再往东五百里，有座灌湘山，山上树木繁多，却不生草。山中有很多怪鸟，但没有野兽。

又东五百里，曰鸡山，其上多金，其下多丹膜。黑水出焉，而南流注于海。其中有鲋鱼①，其状如鲋而彘毛②，其音如豚③，见则天下大旱。

【注释】

①鲋（tuán）鱼：古代传说中的一种怪鱼。
②鲋（fù）：鲫鱼。彘（zhì）：猪。
③豚：小猪。

【译文】

再往东五百里，有座鸡山，山上盛产金属，山下多红色的善丹。黑水发源于这座山，向南流注入海。水中生长着一种鱼，叫做鲑鱼，它的形体与鲫鱼很相似，却长着猪毛，它的叫声像猪的叫声，它一出现，天下就会大旱。

又东四百里，曰令丘之山，无草木，多火。其南有谷焉，曰中谷，条风自是出[①]。有鸟焉，其状如枭[②]，人面四目而有耳，其名曰颙[③]，其鸣自号也，见则天下大旱。

【注释】

①条风：东北风。指春天比较柔和的风。

②枭（xiāo）：猫头鹰一类的鸟。

③颙（yú）：也作"鹏"，这里指一种怪鸟。

【译文】

再往东四百里，有座令丘山，山上没有草木，却常喷火焰。山的南边有一道深深山谷，名叫中谷，条风就是从这里吹出来的。有一种鸟，形状像枭，长着一副人脸，有四只眼睛，还长着一对耳朵，它的名字叫颙，它的叫声和它的名字相同，它一出现，天下就会大旱。

又东三百七十里，曰仑者之山，其上多金玉，其下多青雘。有木焉，其状如穀而赤理[①]，其汁如漆，其味如饴，食者不饥，可以释劳[②]，其名曰白䓘[③]，可以血玉④。

【注释】

①穀：这里指构树。

②释劳：忘掉忧愁。劳，忧。

③白蓉（gāo）：一种树。

④血玉：这里指把玉染成血色。血为动词。

【译文】

再往东三百七十里，有座仑者山，山上蕴藏着丰富的金属和玉石，山下多产青䨼。有一种树，形状像构树而有红色的纹理，树身流出的汁水像漆，它的味道像糖浆，吃了它不会饥饿，又可以使人忘记忧愁，它的名字叫白蓉，可以用来染红玉石。

又东五百八十里，曰禺稿之山①，多怪兽，多大蛇。

【注释】

①禺稿（gǎo）：山名。

【译文】

再往东五百八十里，有座禺稿山，山上多怪兽，又多大蛇。

又东五百八十里，曰南禺之山，其上多金玉，其下多水。有穴焉，水出辄入①，夏乃出，冬则闭。

佐水出焉，而东南流注于海，有凤皇、鹓雏②。

【译文】
再往东五百八十里，有座南禺山，山上蕴藏着丰富的
金属和玉石，山下多流水。有一个洞穴，春天水流进洞穴
去，夏天水又流出来，到了冬天，洞穴就闭塞不通了。佐
水发源于这座山，向东南流注入大海，沿海一带有凤凰和
鹓雏。

凡南次三山之首，自天虞之山以至南禺之山，
凡一十四山，六千五百三十里。其神皆龙身而人
面。其祠皆一白狗祈①，糈用稌②。

【注释】
①祈：祈祷，祭祀山神之礼。
②糈（xǔ）：祭祀用的精米。稌（tú）：稻米。

【译文】
南方第三列山系，从天虞山到南禺山一共有十四座，
行经六千五百三十里。居住在这些山里的神都是龙身人脸。
祭祀这些山的礼仪如下：用一只白狗祭祀祈祷，祭祀用的
精米用稻米。

南山经

三三

右南经之山，大小凡四十山，万六千三百八十里。

【译文】

以上所记《南山经》中的山，大大小小总共四十座，总长达一万六千三百八十里。

卷二

西山经

《西山经》记载的山脉无论是在现实中还是在神话里都可谓是名山。

《西山经》的第一座山系是华山山系，这表明西岳在很早就已经是中土的重要形胜。其中关于用含有矿物质的水给牲畜防疫的知识表明先民对矿物的利用很深入。

关于昆仑山、玉山、峚山的描述充满了浪漫的神话色彩，保留了关于西王母、黄帝、后稷等神话人物的事迹，各种神的名字光怪陆离。蒸腾的玉泉和各种神兽的意象令人神往。关于西方流沙和沼泽的描绘暗示着西方曾经的湿热气候。

西山华山之首，曰钱来之山，其上多松，其下多洗石①。有兽焉，其状如羊而马尾，名曰羬羊②，其脂可以已腊③。

【注释】

①洗石：一种洗澡时用来刮擦身上污垢的石头。

②羬（qián）羊：古时西方出产的一种大尾羊，其尾可食。

③腊（xī）：本义是风干的腊肉，这里指皮肤遭风干起皴皱。

【译文】

西方第一列山系是华山山系，它的第一座山是钱来山，山上有很多松树，山下有大量洗石。山里有种野兽，形状像羊，长着马的尾巴，它的名字叫羬羊，它的油脂可以滋润干裂的皮肤。

西四十五里，曰松果之山，濩水出焉，北流注于渭①，其中多铜。有鸟焉，其名曰螐渠②，其状如山鸡，黑身赤足，可以已𪊙③。

【注释】

①渭：黄河的重要支流，在今陕西关中地区。

②螐（tóng）渠：鸟名。

③𪊙（báo）：指皮肤皱起的现象，即爆皮。

【译文】

往西四十五里，有座松果山。濩水就发源于这座山，之后向北流注入渭水，渭水沿岸铜储量丰富。山里有种鸟，名叫䳭渠，它的形状就像一般的野鸡，有黑色的身体和红色的爪子，可以治疗皮肤爆皮。

又西六十里，曰太华之山①，削成而四方，其高五千仞，其广十里，鸟兽莫居。有蛇焉，名曰肥遗，六足四翼，见则天下大旱。

【注释】
①太华：即西岳华山，在今陕西华阴西南。

【译文】
再往西六十里，有座太华山，山崖非常陡峭，就像被刀削成的一样，呈四方形，山高五千仞，宽十里，飞鸟和野兽无法在这座山里栖身。山里有种蛇名叫肥遗，长着六只脚和四只翅膀，只要它一出现天下就会发生大旱灾。

又西八十里，曰小华之山，其木多荆杞，其兽多㸮牛①，其阴多磬石②，其阳多㻬琈之玉③。鸟多赤鷩④，可以御火。其草有萆荔⑤，状如乌韭，而生于石上，亦缘木而生，食之已心痛。

【注释】
①㸮（zuó）牛：一种体形硕大的牛。
②磬石：可以做磬的乐石。
③㻬琈（tūfú）之玉：一种美玉。

④赤鷩（bì）：一种红色的山鸡，背黄尾绿。

⑤萆（bì）荔：传说中的一种香草。《楚辞·离骚》作"薜荔"。

【译文】

再往西八十里，有座小华山，盛产牡荆和枸杞树，还有为数众多的牛，这山的北面出产大量的磬石，山的南面出产大量的㻬琈玉。山里有很多赤鷩鸟，把它养在身边可以躲避火灾。山里还有种萆荔草，这草的形状像乌韭，生长在石头上面，也缘着树木生长，吃了它可以治愈心痛病。

又西八十里，曰符禺之山，其阳多铜，其阴多铁。其上有木焉，名曰文茎，其实如枣，可以已聋。其草多条，其状如葵①，而赤华黄实，如婴儿舌，食之使人不惑。符禺之水出焉，而北流注于渭。其兽多葱聋，其状如羊而赤鬣②。其鸟多鴖③，其状如翠而赤喙，可以御火。

【注释】

①葵：葵菜。我国古代最重要的蔬菜之一。

②鬣（liè）：动物长在脖子上的鬃毛。

③鴖（mín）：鸟名。一说当为"鹠"，翠色红嘴的鸟。

【译文】

再往西八十里有座符禺山，这山的南边出产大量的铜，山的北边铁产量丰富。山上有种叫文茎的树，它的果实像枣子，可以治疗耳聋。山里的草以条草为主，条草的形状与葵菜差不多，开红色花朵，结黄色的果实，果子就像婴儿的舌头，人吃了它就不会迷惑。符禺水就从这山发源，之后向北流注入渭水。山里的野兽以葱聋为多，这种野兽形状像羊，长着红色的鬣毛。山里的鸟以鴖鸟为多，这鸟的形状像翠鸟，有红色的嘴巴，把它养在身边可以防御火灾。

又西六十里，曰石脆之山，其木多棕楠，其草多条①，其状如韭，而白华黑实，食之已疥②。其阳多琈珴之玉，其阴多铜。灌水出焉，而北流注于禺水。其中有流赭③，以涂牛马无病。

【注释】

①条：条草，植物名。与前文条草的形状与药用功能皆不相同。

②疥：一种因为潮湿而发生的传染性皮肤病。

③赭（zhě）：红色的土。即今所谓赤铁矿。

【译文】

再往西六十里，有座石脆山，这山上有大量的棕树和楠树，还有到处可见的条草。条草的样子与韭菜相似，开白色的花朵，结黑色的果实，人吃了它的果实可以治愈疥疮。山的南边盛产琈珴玉，山的北边铜储量丰富。灌水就从这山发源，之后向北流注入禺水。水里有很多流赭，把它们涂在牛马的身上，可以预防疾病。

又西七十里，曰英山，其上多杻橿①，其阴多铁，其阳多赤金。禺水出焉，北流注于招水②，其中多鲜鱼③，其状如鳖，其音如羊。其阳多箭𥲤④，其兽多㸲牛、羬羊。有鸟焉，其状如鹑，黄身而赤喙，其名曰肥遗⑤，食之已疠⑥，可以杀虫。

【注释】

①杻（niǔ）：一种像檍树的树，能用来造弓。橿（jiāng）：一种木质坚硬的树，能用来造车。

②招（sháo）水：古河名。

③鲜（bàng）鱼：鱼名。

④𥲤（mèi）：一种竹节长竹根深的竹子，可以制造弓箭。

⑤肥遗：鸟名，与太华山之肥遗蛇同名。

⑥疠（lì）：恶疮，麻风。

【译文】

再往西七十里有座英山，山上到处是杻树和橿树，山的北边盛产铁，山的南边盛产黄金。禺水就从这山发源，之后向北流注入招水，禺水里有很多鲜鱼，这鱼的形状像鳖一样，发出的声音如同羊叫声。山的南边生长着很多低矮的箭竹和𥲤竹，山里的野兽多是形体很大的㸲牛和羬羊。山中有种鸟，形状像鹌鹑，有黄色的身体和红色的嘴巴，它的名字叫肥遗，吃了它的肉可以治愈恶疮，还能杀死身体里的虫子。

又西五十二里，曰竹山，其上多乔木，其阴多铁。有草焉，其名曰黄雚①，其状如樗②，其叶如麻，白华而赤实，其状如赭③，浴之已疥，又可以已胕④。竹水出焉，北流注于渭，其阳多竹箭，多苍玉。丹水出焉⑤，东南流注于洛水⑥，其中多水玉，多人鱼。有兽焉，其状如豚而白毛，毛大如笄而黑端⑦，名曰豪彘⑧。

【注释】

①萑（guàn）：即荻，一种像芦苇的植物，茎可以用来编苇席。

②樗（chū）：臭椿树，一种落叶乔木。

③赭（zhě）：红土，成分是赤铁矿，古代用作黄棕色染料。

④胕（fú）：浮肿病。

⑤丹水：今发源陕西商洛。

⑥洛水：黄河的重要支流。今发源于陕西，在河南境内流入黄河。

⑦笄（jī）：簪子，古人用来插住挽起的头发。

⑧豪彘（zhì）：豪猪。

【译文】

再往西五十二里，有座竹山，山上有很多高大的树木，山的北边盛产铁。山里有种草，名叫黄萑，它的形状像樗树，叶子像麻的叶子，开白色的花朵，结红色的果实，果实颜色是赭色的，用它来洗浴可以消除疥疮，也可以治愈浮肿病。竹水就从这山发源，之后向北流注入渭水，竹水的北岸有许多低矮的小竹丛，还出产大量青玉。丹水也从这座山发源，之后向东南注入洛水。丹水出产大量水晶，还有很多人鱼。山里有种野兽，形状像幼猪，身上长着白色的毛，毛有簪子粗细，顶端是黑色的，这野兽的名字叫豪彘。

又西百二十里，曰浮山，多盼木，枳叶而无伤①，木虫居之。有草焉，名曰薰草，麻叶而方茎，赤华而黑实，臭如蘼芜②，佩之可以已疠。

【注释】

①伤：尖刺。

②臭：气味。蘼芜：一种香草。

【译文】

再往西一百二十里，有座浮山，山上到处是盼木，它有枳树一样的叶子却没有刺，一些虫子就寄生在叶子上。山里还有一种草，名字叫薰草，这草的叶子跟麻的叶子相似，有方形的茎干，开红色的花，结黑色的果实，这草的气味像蘼芜，把它戴在身上可以治疗恶疮。

又西七十里，曰羭次之山①，漆水出焉②，北流注于渭。其上多棫橿③，其下多竹箭，其阴多赤铜，其阳多婴垣之玉④。有兽焉，其状如禺而长臂，善投，其名曰嚣⑤。有鸟焉，其状如枭，人面而一足，曰橐𩇯⑥，冬见夏蛰，服之不畏雷。

①羭（yú）：黑色的母羊。
②漆水：今发源于陕西岐山。
③棫（yù）：一种低矮有刺的小树。
④婴垣（yuán）之玉：一种玉石。一说为"婴脰之玉"。
⑤嚣（xiāo）：兽名，猴属。一说"嚣"为"夔"之讹。
⑥橐𩙙（tuóféi）：传说中的一种鸟。

【译文】

再往西七十里，有座羭次山，漆水就从这里发源，之后向北注入渭水。山里有众多棫树和橿树，山下有很多低矮的小竹丛，山的北边盛产赤铜，山的南边盛产婴垣玉。山里有种野兽，形状像猿猴，长着长臂，擅长投掷，这种野兽的名字叫嚣。山里有种鸟，形状像猫头鹰，长着人一样的面孔，只有一只脚，它的名字叫橐𩙙。这鸟冬天出现夏天蛰伏，佩戴它的羽毛就不怕打雷。

又西百五十里，曰时山，无草木。逐水出焉①，北流注于渭，其中多水玉。

【注释】
①逐水：古水名。或作"遂水"。

【译文】

再往西一百五十里，有座时山，山上没有任何花草树木。逐水就从这山发源，之后向北注入渭水。附近的水里有大量水晶。

又西百七十里，曰南山①，上多丹粟。丹水出焉，北流注于渭。兽多猛豹，鸟多尸鸠②。

【注释】

①南山：古人认为即终南山。

②尸鸠：即布谷鸟。

【译文】

再往西一百七十里，有座南山，山上到处是粟米粒大小的丹沙。丹水就从这山发源，之后向北流注入渭水。山里的野兽以猛豹为多，鸟类则以尸鸠为多。

又西百八十里，曰大时之山，上多榖柞，下多杻橿，阴多银，阳多白玉。涔水出焉①，北流注于渭。清水出焉，南流注于汉水。

【注释】

①涔（qián）：古水名。

【译文】

再往西一百八十里，有座大时山，山里有很多构树和柞树，山下有很多杻树和橿树，山的北边出产大量的银，山的南边白色的玉石储量丰富。涔水就从这山发源，之后向北流注入渭水。清水也从这山发源，之后向南流注入汉水。

又西三百二十里，曰嶓冢之山①，汉水出焉，而东南流注于沔②；嚣水出焉，北流注于汤水。其上多桃枝钩端，兽多犀、兕、熊、罴，鸟多白翰、赤鷩③。有草焉，其叶如蕙，其本如桔梗④，黑华而不实，名曰蓇蓉⑤，食之使人无子。

【注释】

①嶓（bō）冢：山名，在今甘肃天水与礼县之间。古人认为是汉水的发源地。

②沔（miǎn）：汉水上游之别名。

③白翰：一种鸟，又名白雉。赤鷩（bì）：一种红色的山鸡，背黄尾绿。

④桔（jié）梗：一种有祛痰与镇咳作用的中药材。

⑤蓇（gū）蓉：一种草的名字。

【译文】

再往西三百二十里，有座嶓冢山，汉水就从这山发源，之后向东南流注入沔水；嚣水也从这山发源，之后向北流注入汤水。山上遍布着桃枝竹和钩端竹，山里的野兽以犀牛、兕、熊、罴为多，鸟类以白翰和赤鷩为多。山里有种草，叶子像蕙草，茎干像桔梗，开黑色的花，不结果实，它的名字叫蓇蓉，人吃了它不会生育。

又西三百五十里，曰天帝之山，上多棕楠，下多菅蕙①。有兽焉，其状如狗，名曰谿边，席其皮者不蛊。有鸟焉，其状如鹑，黑文而赤翁②，名曰栎③，食之已痔。有草焉，其状如葵，其臭如蘪芜，名曰杜衡④，可以走马⑤，食之已瘿⑥。

【注释】

①菅（jiān）：茅草的一种。蕙：一种香草。

②翁：鸟脖子上的毛。

③栎（lì）：传说中的鸟名。

④杜衡：一种香草名。亦作"杜蘅"。

⑤走马：使马跑得快。

⑥瘿（yǐng）：囊状肿瘤。多生于颈部，包括甲状腺肿大等。

【译文】

再往西三百五十里，有座天帝山，山上生长着大量的棕树和楠树，山下茅草和蕙草丛生。山里有种野兽，形状像狗，名字叫谿边，用它的皮毛做坐垫不受毒蛊。山里有种鸟，形状像鹌鹑，长着黑色的花纹和红色的颈毛，名字叫栎，吃了它的肉可以治痔疮。山里有种草，形状像葵菜，散发出和蘼芜一样的香味，它的名字叫杜衡，佩戴上它能够使马跑得飞快，人吃了它可以治愈颈部的肿瘤。

西南三百八十里，曰皋涂之山，蔷水出焉①，西流注于诸资之水；涂水出焉，南流注于集获之水。其阳多丹粟，其阴多银、黄金，其上多桂木。有白石焉，其名曰礜②，可以毒鼠。有草焉，其状如藁茇③，其叶如葵而赤背，名曰无条，可以毒鼠。有兽焉，其状如鹿而白尾，马脚人手而四角，名曰玃如④。有鸟焉，其状如鸱而人足⑤，名曰数斯，食之已瘿。

①蕃（sè）水：古水名。

②礜（yù）：一种性热含毒的矿石。

③藁茇（gǎobá）：一种根茎可以入药的香草。

④玃（jué）如：传说中的兽名。

⑤鸱（chī）：鹞鹰。

【译文】

西南三百八十里，有座皋涂山，蕃水就从这山发源，之后向西流注入诸资水；涂水也从这里发源，之后向南流注入集获水。山的南边遍布着粟米粒大小的丹沙，山的北边出产大量的银、黄金，山上遍布着桂树。山里有种白色的石头，它的名字叫礜，可以毒死老鼠。山里有种草，形状像藁茇，叶子像葵菜的叶子，只是背面是红色的，名字叫无条，也可以用来毒死老鼠。山里有种野兽，长得像鹿，白色的尾巴，有马一样的蹄，有人一样的手，长着四只角，它的名字叫玃如。山里有种鸟，形状像鹞鹰，像人一样有脚，名字叫数斯，吃了它的肉能治愈脖子上的肿瘤。

又西百八十里，曰黄山，无草木，多竹箭。盼水出焉，西流注于赤水，其中多玉。有兽焉，其状如牛，而苍黑大目，其名曰𪊒①。有鸟焉，其状如鸮②，青羽赤喙③，人舌能言，名曰鹦䳇④。

【注释】

①𪊒（mǐn）：一种似牛的野兽。

②鸮（xiāo）：鹰一类的猛禽。

③喙（huì）：鸟兽等的嘴。

④鹦鹉：即鹦鹉。

【译文】

再往西一百八十里，有座黄山，没有花草树木，到处是郁郁葱葱的低矮竹丛。盼水就从这山发源，之后向西流注入赤水，盼水有大量玉石。山里有种野兽，形状像牛，有青黑色的皮毛，眼睛很大，名字叫𢐆。山里有种鸟，形状像鸮，有青色的羽毛和红色的嘴，它的舌头和人的一样，能学人说话，名字叫鹦鹉。

又西二百里，曰翠山，其上多棕楠，其下多竹箭，其阳多黄金、玉，其阴多旄牛、麢、麝①。其鸟多鸓②，其状如鹊，赤黑而两首、四足，可以御火。

【注释】

①麢（líng）：一种野兽，似羊而大角。麝（shè）：兽名，俗称香獐。形状似鹿而小，无角，前腿短，后腿长。善跳跃，尾短，毛黑褐色或灰褐色。

②鸓（lěi）：传说中的异鸟。

【译文】

往西二百里，有座翠山，山上遍布着棕树和楠树，山下到处是低矮的竹丛，山的南边出产大量的黄金和玉石，山的北边有很多牦牛、麢羊和香獐。山里鸓鸟众多，这鸟的形状像喜鹊，长着红黑色的羽毛，有两个脑袋四只脚，养它可以预防火灾。

又西二百五十里，曰騩山^①，是錞于西海^②，无草木，多玉。淒水出焉，西流注于海，其中多采石、黄金，多丹粟。

【注释】
①騩（guī）山：山名。
②錞：通"蹲"，蹲踞。

【译文】
再往西二百五十里，有座騩山，它蹲踞在西海边上，山上没有任何花草树木，有很多玉石。淒水就从这山发源，之后向西流注入大海，淒水有大量彩色的石头和黄金，还有很多粟米粒大小的丹沙。

凡西山之首，自钱来之山至于騩山，凡十九山，二千九百五十七里。华山，冢也^①，其祠之礼：太牢^②。羭山，神也，祠之用烛，斋百日以百牺^③，瘗用百瑜^④，汤其酒百樽^⑤，婴以百珪百璧^⑥。其余十七山之属，皆毛牷用一羊祠之^⑦。烛者，百草之未灰，白席采等纯之。

【注释】
①冢：大也。

②太牢：古代祭祀活动里牛、羊、猪三牲全备为太牢。

③斋：古人在祭祀前清洁身体以示虔敬。牲：祭祀时
　用的纯色家畜。

④瑜：一种美玉。

⑤汤：本意是热水。这里用作动词，使用热水温酒的
　意思。

⑥婴：绕，围绕。一说婴为以玉祭神的专称。珪
　（guī）：瑞玉。常作祭祀、朝聘之用。

⑦牷（quán）：色纯完整的祭牲。

【译文】

　　西方第一列山系，自钱来山到𫘧山一共十九座，长
达二千九百五十七里。华山是诸山的宗主，祭祀华山要用
牛、羊、猪三牲齐全的太牢。𫘧山是有神威的，祭祀𫘧山
要用烛火，在斋戒一百天后用一百只毛色纯正的牲畜，连
同一百块瑜埋入地下，还要烫一百樽美酒，祭神的玉器用
一百块珪和一百块璧。祭祀其余十七座山的礼仪相同，都
用一只毛纯完整的肥羊作祭品。所谓烛，就是用百草结成
的火把，它还没有燃尽的时候叫烛。祭祀的席是用各种颜
色次第装饰边缘的白茅草席。

　　西次二山之首，曰钤山①，其上多铜，其下多
玉，其木多杻橿。

【注释】

①钤（qián）山：山名。

【译文】

西方第二列山系的第一座是钤山，山上盛产铜，山下玉储量丰富，山里的树以杻树和橿树为多。

西二百里，曰泰冒之山^①，其阳多金，其阴多铁。洛水出焉，东流注于河，其中多藻玉^②。多白蛇^③。

【注释】

①泰冒：山名，在今陕西延安境内。

②藻玉：带有彩色纹理的玉。

③白蛇：一种水蛇。

【译文】

向西二百里，有座泰冒山，山的南边盛产黄金，山的北边盛产铁矿。洛水就从这山发源，之后向东流注入黄河，洛水盛产藻玉，也有大量白色水蛇。

又西一百七十里，曰数历之山，其上多黄金，其下多银，其木多杻橿，其鸟多鹦鹉。楚水出焉，而南流注于渭，其中多白珠。

【译文】

再往西一百七十里，有座数历山，山上黄金储量丰富，山下出产大量的银矿，山里的树木以杻树和橿树为多，鸟类则以鹦鹉为多。楚水就从这山发源，之后向南流注入渭水，楚水里有很多白色的珍珠。

又西百五十里，曰高山，其上多银，其下多青碧、雄黄^①，其木多棕，其草多竹。泾水出焉^②，而东流注于渭，其中多磬石、青碧^③。

【注释】

①青碧：青绿色的美玉。雄黄：也叫鸡冠石，是中医用来解毒杀虫的一种矿物质。

②泾水：渭水的支流，发源宁夏最南端，在陕西咸阳附近汇入渭水。

③磬（qìng）石：适宜制磬的美石。

【译文】

再往西一百五十里，有座高山，山上白银丰富，山下遍布青碧玉和雄黄，山里的树木以棕树为多，草类则大多是低矮的小竹丛。泾水就从这山发源，之后向东流注入渭水，泾水中有大量的磬石和青碧玉。

西南三百里，曰女床之山，其阳多赤铜，其阴多石涅^①，其兽多虎、豹、犀、兕^②。有鸟焉，其状如翟而五采文，名曰鸾鸟，见则天下安宁。

【注释】

①石涅：黑石脂的别名，古时用来画眉。

②兕（sì）：古代兽名。皮厚，可以制甲。

【译文】

往西南三百里，有座女床山，山的南边赤铜产量丰富，山的北边出产大量石涅，山里的野兽以虎、豹、犀牛和兕为多。山里有种鸟，形状像野鸡，长着色彩斑斓的羽毛，名字叫鸾鸟，这鸟一出现天下就会太平。

又西二百里，曰龙首之山，其阳多黄金，其阴多铁。苕水出焉①，东南流注于泾水，其中多美玉。

【注释】

①苕水：水名。在今陕西境内。与《南山经》中的苕水不同。

【译文】

再往西二百里，有座龙首山，山的南边黄金储量丰富，山的北边铁矿丰富。苕水就从这山发源，之后向东南流注入泾水，泾水中有很多美玉。

又西二百里，曰鹿台之山，其上多白玉，其下多银，其兽多㲹牛、羬羊、白豪①。有鸟焉，其状如雄鸡而人面，名曰凫徯②，其鸣自叫也，见则有兵。

【注释】

①㲹（zuó）牛：一种体形硕大的牛。羬（qián）羊：古代传说中的兽名。白豪：白色的豪猪。

②凫徯（xī）：传说中的鸟名。

【译文】

再往西二百里，有座鹿台山，山上白玉产量很大，山下银储量丰富，山里的野兽以牦牛、羬羊和白豪为多。山里有种鸟，形状像雄鸡，却有人一样的面孔，名字叫凫徯，它的叫声就是自己的名字，它如果出现，就会有战争发生。

西南二百里，曰鸟危之山，其阳多磐石，其阴多檀楮^①，其中多女床^②。鸟危之水出焉，西流注于赤水，其中多丹粟。

【注释】

①楮（chǔ）：即构树，落叶乔木，皮可以制纸。

②女床：一种草本植物，其形状不详。

【译文】

往西南二百里，有座鸟危山，这座山的南边出产大量的磐石，山的北边遍布着檀树和构树，山里生长着许多女床草。鸟危水就从这山发源，之后向西流注入赤水，鸟危水中有大量粟米粒般大小的丹沙。

又西四百里，曰小次之山，其上多白玉，其下多赤铜。有兽焉，其状如猿，而白首赤足，名曰朱厌，见则大兵。

【译文】

再往西四百里，有座小次山，山上出产大量的白玉，山下出产大量的赤铜。山里有种野兽，形状像猿猴，脑袋是白色的，脚是红色的，它的名字叫朱厌，它如果一出现，就会发生大战争。

又西三百里，曰大次之山，其阳多垩^①，其阴多碧，其兽多㸲牛、麢羊^②。

【注释】

①垩：泛指泥土。

②㸲（zuó）牛：传说中的兽名。麢（líng）羊：传说中的一种野兽名。

【译文】

再往西三百里，有座大次山，山的南边垩土储量丰富，山的北边出产大量碧玉，山里的野兽以㸲牛、麢羊为多。

又西四百里，曰薰吴之山，无草木，多金玉。

【译文】

再往西四百里，有座薰吴山，山上没有任何花草树木，山上蕴藏着丰富的金属和玉石。

又西四百里，曰厎阳之山^①，其木多㮌楠豫章^②，其兽多犀、兕、虎、犳、㸲牛。

【注释】

①厎（zhǐ）阳：古代山名。

②稷（jì）：一种形状像松树，纹理很细的树。豫章：
　　樟树。

【译文】

再往西四百里，有座厎阳山，山里的树木以稷树、楠
树、樟树为多，山里的野兽以犀牛、兕、虎、豹、牦牛
居多。

又西二百五十里，曰众兽之山，其上多璝琈之
玉①，其下多檀楮，多黄金，其兽多犀、兕。

【注释】

①璝琈（tūfú）之玉：一种美玉。

【译文】

再往西二百五十里，有座众兽山，山上到处是璝琈玉，
山下遍布着檀树和构树，盛产黄金，山里的野兽以犀牛、
兕居多。

又西五百里，曰皇人之山，其上多金玉，其下
多青、雄黄①。皇水出焉，西流注于赤水，其中多
丹粟。

【注释】

①青：青腹，一种可以作青色染料的矿物。

【译文】

再往西五百里，有座皇人山，山上蕴藏着丰富的金属

和玉石，山下石青和雄黄的储量丰富。皇水就从这山发源，之后向西流注入赤水，皇水中有很多粟米粒大小的丹沙。

又西三百里，曰中皇之山，其上多黄金，其下多蕙棠①。

【注释】

①棠：棠梨树。

【译文】

再往西三百里，有座中皇山，山上出产大量的黄金，山下遍布着蕙草和棠梨树。

又西三百五十里，曰西皇之山，其阳多金，其阴多铁，其兽多麋、鹿、㸲牛。

【译文】

再往西三百五十里，有座西皇山，山的南边黄金储量丰富，山的北边铁矿储量丰富，山里的野兽以麋、鹿、㸲牛居多。

又西三百五十里，曰莱山，其木多檀楮，其鸟多罗罗，是食人。

【译文】

再往西三百五十里，有座莱山，山里的树木以檀树和构树为多，鸟类则大多是罗罗鸟，这鸟吃人。

凡西次二山之首，自钤山至于莱山，凡十七山，四千一百四十里。其十神者，皆人面而马身。其七神，皆人面牛身，四足而一臂，操杖以行，是为飞兽之神。其祠之，毛用少牢①，白菅为席，其十辈神者，其祠之，毛一雄鸡，钤而不糈②。

【注释】

①少牢：用猪和羊祭祀，称为少牢。

②钤（qián）：祈祷。糈（xǔ）：祭祀用的精米。

【译文】

西方第二列山系，从钤山起到莱山共十七座，长达四千一百四十里。其中十座山的山神都有人的面孔和马的身体。另外七座山的山神都有人的面孔和牛的身体，有四只脚和一只手臂，要拄着拐杖行走，这七位神就是所谓的"飞兽之神"。祭祀的礼仪是：带毛的动物祭品用猪和羊，把它们放在白茅草席上。另外十座山的祭祀礼仪是：带毛的动物祭品用一只公鸡，祈祷时不用精米。

西次三山之首，曰崇吾之山，在河之南①，北望冢遂，南望瑶之泽②，西望帝之搏兽之山，东望螞渊③。有木焉，员叶而白柎④，赤华而黑理，其实如枳，食之宜子孙。有兽焉，其状如禺而文臂，豹尾而善投，名曰举父。有鸟焉，其状如凫，而一翼一目，相得乃飞，名曰蛮蛮⑤，见则天下大水。

【注释】

①河：黄河。

②峣（yáo）之泽：湖泊名。

③鹌（yān）渊：渊薮名。

④员：同"圆"。柎（fū）：花萼或子房。

⑤蛮蛮：即比翼鸟。

【译文】

西方第三列山系的第一座叫崇吾山，这山伫立在黄河南岸，向北望去可以看见冢遂山，向南可以看见峣泽，向西可以看见天帝的搏兽山，向东则可以看见鹌渊。山里有种树，长着圆圆的叶子，花萼是白色的，红色的花朵上有黑色纹路，它的果实和枳的果实差不多，吃了它就会子孙兴旺。山里还有种野兽，形状像猿猴，手臂上有斑纹，长着豹子般的尾巴，擅长投掷东西，名字叫举父。山里有种鸟，像野鸭子，却只有一只翅膀和一只眼睛，必须要两只鸟合起来才能飞翔，这鸟的名字叫蛮蛮，它如果出现，天下就会有水灾。

西北三百里，曰长沙之山，泚水出焉①，北流注于泑水②，无草木，多青、雄黄。

【注释】

①泚（cǐ）水：古水名。

②泑（yōu）水：古水名。传说在昆仑山附近。

【译文】

往西北三百里，有座长沙山，泚水就从这山发源，之后向北流注入泑水，山上没有任何花草树木，却有很多石青和雄黄。

又西北三百七十里，曰不周之山①，北望诸毗之山，临彼岳崇之山，东望泑泽，河水所潜也，其原浑浑泡泡②。爰有嘉果③，其实如桃，其叶如枣，黄华而赤柎，食之不劳。

【注释】

①不周：山名，传说此山形体缺，有不周全之处，故得名。不周风即西北风，从此山吹出。

②浑浑（gǔn）泡泡（páo）：大水涌流出来的样子。

③爰（yuán）：这里。

【译文】

再往西北三百七十里，有座不周山，山的北面可以看见诸毗山，不周山雄踞于岳崇山之上，向东可以看见泑泽，那里是黄河的源头，源头之水喷薄而出发出浑浑泡泡的声音。这里有种非常珍稀的果树，这树结出来的果实和桃子很像，它的叶子像枣树的叶子，开黄色的花，花萼是红色的，吃了它人就会没有烦恼。

又西北四百二十里，曰崒山①，其上多丹木，员叶而赤茎，黄华而赤实，其味如饴②，食之不饥。丹水出焉，西流注于稷泽，其中多白玉。是有玉膏，其原沸沸汤汤③，黄帝是食是飨④。是生玄玉。玉膏所出，以灌丹木，丹木五岁，五色乃清，五味乃馨。黄帝乃取峚山之玉荣，而投之锺山之阳。瑾瑜之玉为良，坚栗精密，浊泽而有光⑤。五色发作，以和柔刚。天地鬼神，是食是飨；君子服之，以御不祥。自峚山至于锺山，四百六十里，其间尽泽也。是多奇鸟、怪兽、奇鱼，皆异物焉。

【注释】

①峚（mì）山：山名。

②饴（yí）：饴糖。

③沸沸（fèi）汤汤（shāng）：液体快速涌出四处流散的样子。

④飨（xiǎng）：通"享"，享用。

⑤浊：形容玉润厚。

【译文】

再往西北四百二十里，有座峚山，这山上遍布着丹木，丹木长着圆形的叶子，有红色的茎干，开黄色的花，结红色的果实，味道是甜的，人吃了它就不会感到饥饿。丹水就从这山发源，之后向西注入稷泽，水里有很多白色的玉石。这里有玉膏涌出，原野上一片蒸腾翻滚的气象，黄帝就经常拿这种玉膏来服食享用。玉膏还生成黑色的玉石。用涌出的玉膏去浇灌丹木，丹木生长五年之后会开出有五种颜色的清香花朵，结出有香甜味道的五色果实。黄帝挑拣出峚山里玉石的精华种在锺山的南边，后来便生出瑾和瑜这样的美玉。这两种玉坚硬致密，温润而富有光泽。玉上散发出五彩的色光交相辉映显得刚柔和谐。天地鬼神都喜欢服食享用它。君子佩带它能抵御妖邪之气的侵害。从峚山到锺山，长达四百六十里，全是沼泽。在沼泽里生长着许多珍奇的鸟类、野兽和鱼类，都是世间罕有的物种。

又西北四百二十里，曰锺山，其子曰鼓，其状人面而龙身，是与钦𬶭杀葆江于昆仑之阳①，帝乃戮之锺山之东曰崤崖②。钦𬶭化为大鹗③，其状如雕，而黑文白首，赤喙而虎爪，其音如晨鹄④，见则有大兵；鼓亦化为鵔鸟⑤，其状如鹛，赤足而直喙，黄文而白首，其音如鹄，见则其邑大旱⑥。

【注释】

①钦𬶭（pí）：古代神话中的神名。葆江：亦神名。

②崤（yáo）崖：地名。

③鹗（è）：俗称鱼鹰，驯养之后可以用来捕鱼。

④晨鹄（hú）：鹗鹰一类的鸟。

⑤鵔（jùn）：传说中的鸟名。

⑥邑：人们聚居的地方，大曰都，小曰邑。

【译文】

再往西北四百二十里，有座锺山，锺山山神的儿子叫鼓，鼓有一张人的脸，长着龙的身体，他曾和钦𬶭神同谋，在昆仑山南面杀死天神葆江。天帝知道后，将鼓与钦䲹杀死在锺山东边的崹崖。钦䲹化为一只大鹗，样子像雕，有黑色的斑纹和白色的脑袋，红色的嘴巴和老虎一般的爪子，发出的叫声像晨鹄的鸣叫，它一出现就会有大的战争；鼓也变化为鵕鸟，这鸟的形状像鹞鹰，有红色的脚和直直的喙，身上有黄色的斑纹，脑袋是白色的，它的叫声和鸿鹄的叫声差不多，它在哪里出现，那里就会有旱灾。

又西百八十里，曰泰器之山，观水出焉，西流注于流沙①。是多文鳐鱼②，状如鲤鱼，鱼身而鸟翼，苍文而白首赤喙，常行西海，游于东海③，以夜飞。其音如鸾鸡④，其味酸甘，食之已狂，见则天下大穰⑤。

【注释】

①流沙：古地名。当在今内蒙古西部与甘肃西北部一带。

②文鳐（yáo）鱼：鱼名。

③海：这里指河或湖。古时塞北称大河为海。

④鸾鸡：传说中的鸟类。

⑤穰（ráng）：庄稼丰收。

【译文】

再往西一百八十里，有座泰器山，观水就从这山发源，之后向西流注入流沙。观水里有很多文鳐鱼，这鱼像鲤鱼，有鱼的身子和鸟的翅膀，它的身上有青色的斑纹，长着白色的脑袋和红色的嘴巴，常常从西海巡游到东海，夜间飞行。它发出的声音就像鸾鸡的鸣叫，它的肉酸中带甜，吃了可以治疯癫病，它如果出现，天下一定会五谷丰登。

　　又西三百二十里，曰槐江之山，丘时之水出焉，而北流注于泑水。其中多蠃母①，其上多青、雄黄，多藏琅玕、黄金、玉②，其阳多丹粟，其阴多采黄金银③。实惟帝之平圃，神英招司之④，其状马身而人面，虎文而鸟翼，徇于四海⑤，其音如榴。南望昆仑，其光熊熊，其气魂魂。西望大泽，后稷所潜也⑥。其中多玉，其阴多榣木之有若⑦。北望诸毗，槐鬼离仑居之，鹰鹯之所宅也。东望恒山四成⑧，有穷鬼居之，各在一抟⑨。爰有瑶水，其清洛洛⑩。有天神焉，其状如牛，而八足二首马尾，其音如勃皇，见则其邑有兵。

【注释】

①蠃（luó）母："蠃"同"螺"，即螺蛳一类。

②琅玕（lánggān）：似珠玉的美石。

③采：纹彩，光彩。

④英招（sháo）：上古传说中的神名。

⑤徇：周行。

⑥后稷：传说中古代西周的始祖。潜：潜藏。

⑦若：若木。

⑧恒山：此非北岳恒山，乃西方之山名。成：重。

⑨抟（tuán）：臂膀。

⑩洛洛：也作"落落"。水流的声音。

【译文】

再往西三百二十里，有座槐江山，丘时水就从这山发源，之后向北流注入泑水。丘时水里有很多嬴母，这座山蕴藏着丰富的石青和雄黄，还有琅玕、黄金和玉石，山的南边遍布着粟米粒大小的丹沙，山的北边出产很多有纹彩的金银。槐江山是天帝在人间的园圃，由神英招主管，神英招的模样是马身人面，身上长着老虎一样的斑纹和鸟的翅膀，他巡行四海，传递天帝的指令，叫声如同抽水声。在这座山上向南看，可以看见昆仑山，那里火光熊熊，气象万千。从这座山向西望可以看见巨大的沼泽，那里是后稷的潜藏之所。大泽里面有很多玉石，它的南边生长着茂盛的榣木，在榣木上面又长出奇异而灵验的若木。从槐江山向北可以看见诸毗山，那是叫做槐鬼离仑的神所居住的地方，鹰鹯等猛禽也在那里集中栖息。从槐江山向东可以看见恒山，它高有四重，有穷鬼居住在这里，他们各住在山的一边臂膀下。槐江山有瑶水，它清澈明净，汩汩而流。槐江山有天神居住，他长得像牛，却有八只脚、两个脑袋和一条马尾巴，他的叫声就像人在吹奏管乐时乐器的薄膜发出来的声音，这个神出现的地方就会有战争发生。

西南四百里，曰昆仑之丘，实惟帝之下都，神陆吾司之。其神状虎身而九尾，人面而虎爪，是神也，司天之九部及帝之囿时①。有兽焉，其状如羊而四角，名曰土蝼，是食人。有鸟焉，其状如蜂，大如鸳鸯，名曰钦原，蠚鸟兽则死^②，蠚木则枯。有鸟焉，其名曰鹑鸟，是司帝之百服。有木焉，其状如棠，黄华赤实，其味如李而无核，名曰沙棠，可以御水，食之使人不溺。有草焉，名曰蓣草^③，其状如葵，其味如葱，食之已劳。河水出焉，而南流东注于无达。赤水出焉，而东南流注于汜天之水^④。洋水出焉，而西南流注于丑涂之水。黑水出焉，而西流于大杅^⑤。是多怪鸟兽。

【注释】

①囿（yòu）：帝王用来畜养禽兽的园林。

②蠚（hē）：毒虫咬刺，蜇痛。

③蓣（pín）草：一名赖草，为牲畜的良好饲料。

④汜（fán）天：水名。

⑤大杅（yú）：山名。

【译文】

往西南四百里，有座昆仑山，这座山其实是天帝在下界的都城，由天神陆吾掌管。陆吾长得像老虎，有九条尾巴，长着人的面孔，手像虎爪。他主管天上九域的领地和昆仑山苑囿的时节。昆仑山里有种野兽，样子像羊，却长着四只角，名字叫土蝼，这野兽吃人。山中有种鸟，形状像蜜蜂，大小与鸳鸯差不多，它的名字叫钦原，鸟兽如果被这种鸟蜇过都会死，树木被这鸟蜇过也会枯死。这座山里还有种鸟，叫鹑鸟，它主管天帝生活中的各种器物和服饰。山里还有种树木，形状像棠梨树，开黄色的花，结红色的果实，果子的味道像李子但是没有果核，名叫沙棠，人可以用它预防水患，吃了它就能在水中漂浮不沉。山里有种草，名字叫薲草，它的形状很像葵菜，味道与葱差不多，人吃了它就会远离各种烦恼忧愁。黄河就从这山发源，之后向南流继而向东流注入无达山边的湖泊里。赤水也发源于这座山，之后向东南流注入氾天水。洋水也发源于这座山，之后向西南流注入丑涂水。黑水也发源于这座山，之后向西流注入大杅山旁的湖泊。这座山中到处是珍禽异兽。

又西三百七十里，曰乐游之山，桃水出焉，西流注于稷泽，是多白玉。其中多䱻鱼①，其状如蛇而四足，是食鱼。

【注释】

①䱻（huá）鱼：鱼类名。

【译文】

再往西三百七十里，有座乐游山，桃水就从这山发源，之后向西流注入稷泽，这里遍布着白色的玉石。桃水水域有大量的䱻鱼，这鱼的样子像蛇却有四只脚，以鱼类为食。

西水行四百里，流沙二百里，至于嬴母之山，神长乘司之，是天之九德也。其神状如人而豹尾①。其上多玉，其下多青石而无水。

【注释】

①豰（zhuó）：传说中的动物名。

【译文】

往西走过四百里水路，再走二百里流沙，就到了嬴母山，天神长乘是这里的主人，他是天的九德之气所生育的。这个神的样子像人却有豰的尾巴。这座山上到处是玉石，山下到处是青石，没有水。

又西三百五十里，曰玉山，是西王母所居也。西王母其状如人，豹尾虎齿而善啸，蓬发戴胜①，是司天之厉及五残②。有兽焉，其状如犬而豹文，其角如牛，其名曰狡③，其音如吠犬，见则其国大穰。有鸟焉，其状如翟而赤，名曰胜遇④，是食鱼，其音如录⑤，见则其国大水。

【注释】

①胜：一种玉制的首饰。

②厉：灾厉。五残：五刑残杀之事。

③狡（jiǎo）：传说中的兽名。

④胜（qìng）遇：古代传说中的鸟名。

⑤录：或作"鹿"。

【译文】

再往西三百五十里，有座玉山，这座山是西王母居住的地方。西王母的样子与人差不多，长着豹子的尾巴和老虎的牙齿，喜欢发出吼叫，她头发蓬松头戴玉胜，主管上天的灾厉和五种刑罚残杀之气。这山里有种野兽，形状像狗，长着豹子般的斑纹，头上长着和牛角相似的角，它的名字叫狡，这野兽发出的声音就像狗叫，它在哪个国家出现，那个国家就会五谷丰登。山里有种鸟，形状像野鸡，浑身上下都是红色的，它的名字叫胜遇，以鱼为食，它的鸣叫声就像鹿在叫，它在哪个国家出现，那个国家就会有水灾发生。

又西四百八十里，曰轩辕之丘^①，无草木。泑水出焉，南流注于黑水，其中多丹粟，多青、雄黄。

【注释】

①轩辕之丘：相传黄帝曾居此，娶西陵氏之女为妻，号轩辕氏。

【译文】

再往西四百八十里，有座轩辕丘，这座山里不长草木。泑水就从轩辕丘发源，之后向南流注入黑水，其水域有很多粟米粒大小的丹沙，也有大量的石青和雄黄。

又西三百里，曰积石之山，其下有石门，河水冒以西南流。是山也，万物无不有焉。

【译文】

再往西三百里，有座积石山，山下有一道石门，黄河水漫过这道石门向西南边流去。世间万物在积石山上一应俱全。

又西二百里，曰长留之山，其神白帝少昊居之^①。其兽皆文尾，其鸟皆文首。是多文玉石。实惟员神魂氏之宫^②。是神也，主司反景^③。

【注释】

①少昊：金天氏帝挚之号也。

②魂（wěi）氏：传说中的神名。

③反景（yǐng）：把太阳西沉时指向西方的影子反拨向东方。景，同"影"。

【译文】

再往西二百里，有座长留山，白帝少昊就居住在这座山里。山中的野兽都长着花尾巴，鸟类都是花脑袋。山上出产大量的有彩色花纹的玉石。这山也是神魂氏的行宫。这个神掌管太阳西沉时把影子折向东方。

又西二百八十里，曰章莪之山^①，无草木，多瑶碧。所为甚怪。有兽焉，其状如赤豹，五尾一角，其音如击石，其名曰狰^②。有鸟焉，其状如鹤，一足，赤文青质而白喙^③，名曰毕方，其鸣自叫也，见则其邑有讹火^④。

【注释】

①章莪（é）：传说中的山名。

②狰（zhēng）：古代传说中的兽名。

③喙（huì）：鸟兽等的嘴。

④讹（é）火：怪火。

【译文】

　　再往西二百八十里，有座章莪山，山上草木不生，遍布着瑶、碧一类的美玉。这座山里常常有瑰丽奇异的东西。山里有种野兽，样子像红色的豹，长有五条尾巴和一只角，发出的吼叫如同敲击石头，这野兽的名字叫狰。山里有种鸟，形状像鹤一样，只有一只脚，身上有红色的斑纹，羽毛是青色的，嘴巴是白色的，这鸟的名字叫毕方，它的鸣叫声就是它自己名字的发音，这鸟出现的地方就会发生来源不明的火灾。

　　又西三百里，曰阴山，浊浴之水出焉，而南流注于蕃泽，其中多文贝。有兽焉，其状如狸而白首，名曰天狗，其音如猫猫①，可以御凶。

【注释】

①猫猫：也作"榴榴"。

【译文】

　　再往西三百里，有座阴山，浊浴水就从这山发源，之后向南流注入蕃泽，该水域有很多五彩斑斓的贝壳。山里有种野兽，样子像野猫，脑袋是白色的，名字叫天狗，它发出"猫猫"的叫声，把它饲养在身边可以防避凶邪之气。

又西二百里，曰符惕之山，其上多棕楠，下多金玉，神江疑居之。是山也，多怪雨，风云之所出也。

【译文】

再往西二百里，有座符惕山，山上遍布着棕树和楠树，山下有大量的金属和玉石，江疑神就居住在这个地方。符惕山上常下怪雨，风云也常在此兴起。

又西二百二十里，曰三危之山，三青鸟居之。是山也，广员百里。其上有兽焉，其状如牛，白身四角，其豪如披蓑^①，其名曰徵狚^②，是食人。有鸟焉，一首而三身，其状如鸮^③，其名曰鸱。

【注释】

①蓑（suō）：用草或棕编成的雨披。

②徵狚（òoyē）：野兽名。

③鸮（luò）：传说中的鸟名。

【译文】

再往西二百二十里，有座三危山，有三只青鸟栖息在这山上。三危山方圆百里。山里有种野兽，长得像牛，身体是白色的，脑袋上长了四只角。身上的毛又长又密，看上去好像穿着蓑衣，这野兽的名字叫徵狚，它吃人。山里有种鸟，有一个脑袋三个身子，这鸟的形状与鸮鸟很像，它的名字叫鸱。

又西一百九十里，曰騩山，其上多玉而无石。神耆童居之①，其音常如钟磬。其下多积蛇。

【注释】

①耆（qí）童：即老童，传说中颛顼帝的儿子。古称六十岁为耆。

【译文】

再往西一百九十里，有座騩山，山上遍布着美玉，没有石头。耆童就居住在这山里，他的声音像敲击钟磬的响声。山下到处是成堆成堆的蛇。

又西三百五十里，曰天山，多金玉，有青、雄黄。英水出焉，而西南流注于汤谷。有神焉，其状如黄囊①，赤如丹火，六足四翼，浑敦无面目②，是识歌舞，实惟帝江也③。

【注释】

①囊（náng）：袋子，口袋。

②浑敦：即"混沌"，模糊，不分明。

③帝江（hóng）：即帝鸿氏，传说中的黄帝。

【译文】

再往西三百五十里，有座天山，山上蕴藏着丰富的金属和玉石，山里也出产石青和雄黄。英水就从这山发源，之后向西南流注入汤谷。山里住着一个神，他的模样像黄色的口袋，身上发出火红的光，长着六只脚和四只翅膀，面目模糊不清，他懂得唱歌跳舞，这个神就是帝江。

又西二百九十里，曰泑山，神蓐收居之^①。其上多婴脰之玉^②，其阳多瑾瑜之玉，其阴多青、雄黄。是山也，西望日之所入，其气员，神红光之所司也。

【注释】

①蓐（rù）收：传说中西方的神祇，司秋，人面虎爪白毛。

②婴脰（dòu）之玉：可以作颈部装饰的玉石。婴，颈饰。脰，颈项。

【译文】

再往西二百九十里，有座泑山，天神蓐收就居住在这里。山上盛产可用作颈饰的玉石，山的南边遍布着瑾、瑜一类美玉，山的北边遍布着石青和雄黄。站在泑山上，向西可以看到夕阳西下的场景，气象雄浑壮阔，这由天神红光主管。

西水行百里，至于翼望之山，无草木，多金玉。有兽焉，其状如狸，一目而三尾，名曰讙^①，其音如夺百声^②，是可以御凶，服之已瘅^③。有鸟焉，其状如乌，三首六尾而善笑，名曰鵸鵌^④，服之使人不厌^⑤，又可以御凶。

【注释】

①讙（huān）：传说中的兽名。

②夺：超出，压倒。

③瘅（dàn）：通"疸"，即黄疸病，中医认为是由虚热造成的。

④鹒鸫（qítú）：有五彩而赤纹的鸟。

⑤厌（yǎn）：同"魇"，噩梦。

【译文】

往西走一百里水路，就是翼望山，山上没有草木，山上蕴藏着丰富的金属和玉石。山里有种野兽，样子像野猫一般，只有一只眼睛，却有三条尾巴，它的名字叫讙，发出的声音能压倒一百种动物一起叫的声音，把它饲养在身边可以躲避凶邪之气，吃了它的肉可以治黄疸病。山里有种鸟，形状像乌鸦一样，长着三个脑袋，六条尾巴，喜欢嬉笑，名字叫鹒鸫，吃了它不会做噩梦，还可以躲避凶邪。

凡西次三山之首，自崇吾之山至于翼望之山，凡二十三山，六千七百四十四里。其神状皆羊身人面。其祠之礼：用一吉玉瘗①，糈用稷米②。

【注释】

①吉玉：玉有纹彩者。瘗（yì）：埋。

②糈（xǔ）：祭神用的精米。稷（jì）：即粟，谷子，是古代主要的粮食品种。

【译文】

西方第三列山系，从崇吾山起到翼望山止，一共二十三座，途经六千七百四十四里。诸山山神都是羊的身子人的面孔。祭祀山神的礼仪是：将一块吉玉埋入地下，祭祀的精米用稷米。

西次四山之首，曰阴山，上多榖，无石，其草多茆、蕃①。阴水出焉，西流注于洛。

【注释】

①茆（mǎo）：即莼菜，也叫凫葵，一种漂浮植物。蕃（fán）：通"薠"，草名。

【译文】

西方第四列山系的第一座叫阴山，山上生长着很多构树，但没有石头，山里的草以莼菜、蕃草为多。阴水就从这山发源，之后向西流注入洛水。

北五十里，曰劳山，多茈草①。弱水出焉，而西流注于洛。

【注释】

①茈（zǐ）草：即紫草，可以作紫色染料。茈，通"紫"。

【译文】

往北五十里，有座劳山，山上有很多紫草。弱水就从这山发源，之后向西流注入洛水。

西五十里，曰罢谷之山，洱水出焉，而西流注于洛，其中多㻬、碧。

【译文】

往西五十里，有座罢谷山，洱水就从这座山发源，之后向西流注入洛水，洱水出产很多紫色的漂亮石头和青色的玉石。

北百七十里，曰申山，其上多榖柞，其下多杻橿，其阳多金玉。区水出焉①，而东流注于河。

【注释】

①区（ōu）水：古水名。

【译文】

往北一百七十里，有座申山，山上到处都是构树和柞树，山下遍布着杻树和橿树，山的南边蕴藏着丰富的金属和玉石。区水就从这山发源，之后向东流注入黄河。

北二百里，曰鸟山，其上多桑，其下多楮，其阴多铁，其阳多玉。辱水出焉，而东流注于河。

【译文】

往北二百里是鸟山，山上到处是桑树，山下到处是构树，山北面盛产铁，而山南面盛产玉石。辱水从这座山发源，然后向东流注入黄河。

又北百二十里，曰上申之山，上无草木，而多硌石^①，下多榛楛^②，兽多白鹿。其鸟多当扈，其状如雉，以其髯飞^③，食之不眴目^④。汤水出焉，东流注于河。

【注释】

①硌（luò）石：大石。

②榛（zhēn）：木名。落叶灌木或小乔木，叶子互生，圆卵形或倒卵形，雌雄同株，实如栗，可食用或榨油。楛（hù）：木名，荆属。茎坚韧，可制箭杆。

③髯（rán）：脸颊上的胡子。泛指胡须。

④眴（shùn）目：眨眼。

【译文】

再往北一百二十里是上申山，山上没有草木，遍布着大石头，还有很多榛树和楛树，山中的野兽多是白鹿。山中鸟类以当扈鸟为最多，这鸟的样子像野鸡，却用长髯做翅膀来飞行，人吃了它的肉就不会得眨眼睛的病。汤水就从这山发源，之后向东流注入黄河。

又北百八十里，曰诸次之山，诸次之水出焉，而东流注于河。是山也，多木无草，鸟兽莫居，是多众蛇。

【译文】

再往北一百八十里是诸次山，诸次水就从这山发源，之后向东流注入黄河。诸次山上树木很多，却没有草，也没有鸟兽，却有许多蛇生活在这座山中。

又北百八十里，曰号山，其木多漆、棕，其草多药、蘭、芎䓖①。多泠石②。端水出焉，而东流注于河。

【注释】

①药、蘭（xiāo）、芎䓖（xiōngqióng）：药、蘭都是白芷一类的香草。芎䓖就是川芎一类的药材。

②泠（jīn）石：一种柔软的石头。

【译文】

再往北一百八十里是号山，这座山中的树木以漆树和棕树居多，草类以白芷、蘭草、芎䓖草居多。山中出产大量的泠石。端水就从这山发源，之后向东流注入黄河。

又北二百二十里，曰孟山，其阴多铁，其阳多铜，其兽多白狼白虎，其鸟多白雉白翠。生水出焉，而东流注于河。

【译文】

再往北二百二十里是孟山，这座山的北边盛产铁，山的南边盛产铜，山里的野兽以白色的狼和虎居多，就连鸟类也大都是白色的野鸡和翠鸟。生水就从这山发源，之后向东流注入黄河。

西二百五十里，曰白於之山，上多松柏，下多栎檀，其兽多牨牛、羬羊①，其鸟多鸮②。洛水出于其阳，而东流注于渭；夹水出于其阴，东流注于生水。

【注释】

①牨（zuó）牛：传说中的兽名。羬（qián）羊：传说中的兽名。

②鸮（xiāo）：鸟名。也是鸱鸮科种的通称。

【译文】

往西二百五十里叫白於山，这座山上到处是松树和柏树，山下有很多栎树和檀树，山中的野兽多是牨牛和羬羊，鸟类则大都是鸮。洛水就发源于这山的南边，之后向东流注入渭水；夹水就发源于这山的北边，向东流注入生水。

西北三百里，曰申首之山，无草木，冬夏有雪。申水出于其上，潜于其下，是多白玉。

【译文】

往西北三百里，有座申首山，山上没有草木，冬季和夏季都有积雪。申水就从这山上发源，潜流到山下，申水水域盛产白色的玉石。

又西五十五里，曰泾谷之山，泾水出焉，东南流注于渭，是多白金白玉。

【译文】

再往西五十五里，有座泾谷山，泾水就从这山发源，之后向东南注入渭水，这山里盛产白银和白玉。

又西百二十里，曰刚山，多柒木^①，多瑈珸之玉^②。刚水出焉，北流注于渭。是多神魖^③，其状人面兽身，一足一手，其音如钦^④。

【注释】

①柒木：即漆树。柒，同"漆"。

②瑈珸（tūfú）之玉：一种美玉。

③神魖（chì）：传说中的厉鬼。

④钦：通"吟"，打呵欠。

【译文】

再往西一百二十里，有座刚山，这山上遍布着漆树，盛产瑈珸玉。刚水就从这山发源，之后向北流注入渭水。这座山里有很多神魖，他们有人的面孔和野兽的身子，却只有一只脚一只手，发出的声音就像人在打呵欠。

又西二百里，至刚山之尾，洛水出焉，而北流注于河。其中多蛮蛮^①，其状鼠身而鳖首，其音如吠犬。

【注释】

①蛮蛮：水獭之类的动物。

【译文】

再往西二百里就到了刚山的尾部，洛水就发源于此，之后向北流注入黄河。这里有很多蛮蛮，它们的样子像老鼠，有甲鱼一样的脑袋，发出的声音和狗叫差不多。

又西三百五十里，曰英鞮之山，上多漆木，下多金玉，鸟兽尽白。浣水出焉①，而北流注于陵羊之泽。是多冉遗之鱼，鱼身蛇首六足，其目如马耳，食之使人不眯②，可以御凶。

【注释】

①浣（yuān）：古水名。

②眯：梦魇。

【译文】

再往西三百五十里，有座英鞮山，山上生长着很多漆树，山下盛产金属和玉石，山中的鸟兽都是白色的。浣水就从这山发源，之后向北流注入陵羊泽。浣水水域有很多冉遗鱼，这鱼有鱼的身子，蛇的脑袋，长着六只脚，眼睛像马的耳朵，吃了它就不会做噩梦，还可以预防凶邪。

又西三百里，曰中曲之山，其阳多玉，其阴多雄黄、白玉及金。有兽焉，其状如马，而白身黑尾，一角，虎牙爪，音如鼓，其名曰駮①，是食虎豹，可以御兵。有木焉，其状如棠，而员叶赤实，实大如木瓜，名曰櫰木②，食之多力。

①驳（bó）：传说中的怪兽。

②槐（guī）木：树木名。

【译文】

再往西三百里，有座中曲山，山的南边出产大量玉石，山的北边雄黄、白玉和金属储量丰富。山里有种野兽，样子像马，身体是白色的，尾巴是黑色的，脑袋上长一只角，有老虎一样的牙齿和爪子，它的叫声像在击鼓，这种野兽的名字叫驳，它常捕食老虎和豹子，把它饲养在身边可以躲避兵器的伤害。山里有种树木，它的形状像棠梨，叶子是圆的，结红色的果实，果实像木瓜，这树的名字叫槐木，人吃了它能够增添力气。

又西二百六十里，曰邽山①，其上有兽焉，其状如牛，猬毛，名曰穷奇②，音如嗥狗，是食人。濛水出焉，南流注于洋水，其中多黄贝，蠃鱼，鱼身而鸟翼，音如鸳鸯，见则其邑大水。

【注释】

①邽（guī）山：山名。

②穷奇：一种怪兽，又名神狗。

【译文】

再往西二百六十里，有座邽山，邽山有种野兽，形状像牛，全身长着刺毛，名字叫穷奇，它发出的声音就像狗叫，这野兽吃人。濛水就从这山发源，之后向南流注入洋水，水里有很多黄色的贝壳。濛水里有种蠃鱼，它有鱼的身体和鸟的翅膀，叫声像鸳鸯，它在哪里出现，那里就会发生水灾。

又西二百二十里，曰鸟鼠同穴之山，其上多白虎、白玉。渭水出焉，而东流注于河。其中多鳋鱼^①，其状如鳣鱼^②，动则其邑有大兵。滥水出于其西^③，西流注于汉水，多𧑅魮之鱼^④，其状如覆铫^⑤，鸟首而鱼翼鱼尾，音如磬石之声，是生珠玉。

【注释】

①鳋（sāo）：鱼名。

②鳣（zhān）鱼：即鲟鳇鱼，一种身上有甲胄的大鱼。

③滥（jiàn）水：古水名。

④𧑅魮（rúpí）：一种能产珍珠的珠母贝，古称"文蚌"。

⑤铫（yáo）：一种小型的烹饪器皿，有柄有流嘴。

【译文】

再往西二百二十里，有座鸟鼠同穴山，这座山上有很多白老虎和白玉。渭水就从这山发源，之后向东流注入黄河。渭水生长着大量的鳋鱼，这鱼的形状像鳣鱼，它在哪里出现，那里就会有大的战争发生。滥水就从鸟鼠同穴山的西边发源，之后向西流注入汉水，滥水有大量𧑅魮鱼，这鱼的形状像翻过来的铫，长着鸟的脑袋，有鱼鳍和鱼尾，它的叫声像敲击磬石的声响，这鱼的身体里能够生长珠玉。

西南三百六十里，曰崦嵫之山①，其上多丹木，其叶如榖，其实大如瓜，赤符而黑理，食之已瘅，可以御火。其阳多龟，其阴多玉。苕水出焉，而西流注于海，其中多砥砺②。有兽焉，其状马身而鸟翼，人面蛇尾，是好举人，名曰孰湖。有鸟焉，其状如鸮而人面，蜼身犬尾③，其名自号也，见则其邑大旱。

【注释】

①崦嵫（yānzī）：山名。在今甘肃天水西境。

②砥砺：磨刀石。精者为砥，粗者为砺。

③蜼（wèi）：一种长尾猿。

【译文】

　　西南三百六十里，有座崦嵫山，这座山上有很多的丹树，树的叶子像构树叶，果实有瓜那么大，花萼是红色的，上面带着黑色的纹理，吃了它可以治黄疸病，还可以预防火灾。这山的南边有很多乌龟，山的北边遍布着玉石。苕水就从这山发源，之后向西流注入大海，附近的水里有很多磨刀石。山里有种野兽，形状像马，长着鸟的翅膀，人的面孔，拖着蛇的尾巴，它喜欢把人举起，名字叫孰湖。山里有种鸟，它的形状像猫头鹰，长着人的面孔，猿猴的身体，尾巴像狗，它的叫声就是自己的名字，这鸟在哪个地方出现，那里就会发生严重的旱灾。

　　凡西次四山，自阴山以下，至于崦嵫之山，凡十九山，三千六百八十里。其神祠礼，皆用一白鸡祈，糈以稻米，白菅为席。

【译文】

西方第四列山系，从阴山开始到崦嵫山一共十九座，行经三千六百八十里。祭祀诸山神的礼仪，都是用一只白毛鸡的血献祭，祭祀的精米用稻米，拿白茅草做垫席。

右西经之山，凡七十七山，一万七千五百一十七里。

【译文】

以上就是对西方山系的记录，总计有七十七座，行经一万七千五百一十七里。

卷三

北山经

　　《北山经》总共记载了三个山系，在诸山经里比较少有神话色彩。尽管其中的奇珍异兽颇多，但是神话资源总体有限。这是《北山经》的重要特点。

　　北山的第一山系里出现了雁门等地名，对于研究该书的成书年代是一个值得参考的因素。《北山经》还出现了一些关于流沙的记载，这说明北方的环境气候曾有复杂的变迁。值得注意的是，很多记载在书里的兽类是可以用来躲避各种伤害的，比如膛疏可以辟火，鳛鳛之鱼可以御火等等，这具有超现实的色彩，反映出先民们追求美好生活的愿望。第二山系提到的三桑无枝可以和后文相印证，进一步说明该书的神话部分与实际史地是有紧密联系的。

北山之首，曰单狐之山，多机木①，其上多华草。
滽水出焉②，而西流注于泑水③，其中多茈石、文石④。

【注释】

①机木：即桤（qī）木树，一种类似榆树的树木。

②滽（féng）水：古水名。

③泑（yōu）水：传说中的水名。

④茈（zǐ）石：紫色的石头。文石：有美丽纹理的石头。

【译文】

北方第一列山系的第一座是单狐山，这座山上有很多
桤木树，还有丰茂的华草。滽水就从这山发源，之后向西
注入泑水，泑水有很多紫色的石头，还有大量有漂亮花纹
的石头。

又北二百五十里，曰求如之山，其上多铜，其
下多玉，无草木。滑水出焉，而西流注于诸毗之
水。其中多滑鱼，其状如鳝①，赤背，其音如梧②，
食之已疣。其中多水马，其状如马，而文臂牛尾，
其音如呼。

【注释】

①鳝（shàn）：即鳝鱼，俗称黄鳝。

②梧：梧桐。此处指琴瑟之声。

【译文】

再往北二百五十里，有座求如山，山上铜储量丰富，

山下有大量的玉石，这山上没有任何草木。滑水就从这山发源，之后向西流注入诸毗水。水中有很多滑鱼，它的形状就像鳝鱼，脊背是红色的，它鸣叫的声音像人弹奏琴瑟，吃了它能治皮肤上的疣赘病。水中还生活着很多水马，这马和普通的马差不多，只不过前腿上长有花纹，长着一条牛尾，这马的叫声像人在呼喊。

又北三百里，曰带山，其上多玉，其下多青碧。有兽焉，其状如马，一角有错①，其名曰臞疏②，可以辟火。有鸟焉，其状如乌，五采而赤文，名曰鹕鶏③，是自为牝牡④，食之不疽⑤。彭水出焉，而西流注于芘湖之水，其中多儵鱼⑥，其状如鸡而赤毛，三尾、六足、四目，其音如鹊，食之可以已忧。

【注释】

①错：磨刀石。

②臞（huān）疏：一种兽名。

③鹕鶏（qítú）：有五彩而赤纹的鸟。

④牝牡（pìnmǔ）：即雌雄。牝，鸟兽的雌性。牡，鸟兽的雄性。

⑤疽（jū）：中医指局部皮肤肿胀坚硬的毒疮。

⑥儵（tiáo）鱼：一种生于淡水的小白鱼。

【译文】

再往北三百里，有座带山，山上盛产玉石，山下盛产青碧玉。山里有种野兽，形状像马，长着一只磨刀石一样的角，它的名字叫臞疏，把它养在身边可以躲避火灾。山里有种鸟，形状像乌鸦，浑身长着红色斑纹的五色羽毛，它的名字叫䳡鹕，这鸟是雌雄合体的，可以不交配自己繁殖，人吃了它就不会患痈疽病。彭水就从这山发源，之后向西流注入芘湖水，附近的水里有很多鯈鱼，这鱼的形状像鸡，长着红色的羽毛，有三条尾巴，六只脚和四只眼睛，它的叫声和喜鹊相近，人吃了它就会无忧无虑。

又北四百里，曰谯明之山，谯水出焉，西流注于河。其中多何罗之鱼，一首而十身，其音如吠犬，食之已痈①。有兽焉，其状如貆而赤豪②，其音如榴榴，名曰孟槐，可以御凶。是山也，无草木，多青、雄黄。

【注释】

①痈（yōng）：毒疮。

②貆（huán）：豪猪。

【译文】

再往北四百里，有座谯明山，谯水就从这山发源，之后向西流注入黄河。谯水有大量何罗鱼，这鱼有一个脑袋和十个身体，它的叫声就像狗叫，人吃了它就可以治疗痈肿。山里有种野兽，形状像豪猪，却长着红色的软毛，它的叫声如同辘轳抽水声，这种野兽的名字叫孟槐，把它饲养在身边可以躲避凶邪。谯明山上没有任何草木，遍布着石青和雄黄。

又北三百五十里，曰涿光之山，嚣水出焉①，而西流注于河。其中多鳍鳍之鱼②，其状如鹊而十翼，鳞皆在羽端，其音如鹊，可以御火，食之不瘅③。其上多松柏，其下多棕橿，其兽多麢羊④，其鸟多蕃。

【注释】

①嚣水：古水名。

②鳍鳍（xí）之鱼：古代传说中的一种怪鱼。

③瘅（dàn）：黄疸病。

④麢（líng）羊：兽名。

【译文】

再往北三百五十里，有座涿光山，嚣水就从这山发源，之后向西注入黄河。嚣水中生长着大量的鳍鳍鱼，这鱼的形状像喜鹊，有十只翅膀，鳞甲就生长在羽毛的顶端，它的叫声和喜鹊的叫声差不多，把它饲养在身边可以躲避火灾，吃它的肉可以治黄疸病。涿光山上遍布着松树和柏树，山下遍布着棕树和橿树，山里的野兽多是麢羊，鸟类以蕃鸟为最多。

又北三百八十里，曰虢山①，其上多漆，其下多桐椐②。其阳多玉，其阴多铁。伊水出焉，西流注于河。其兽多橐驼③，其鸟多寓④，状如鼠而鸟翼，其音如羊，可以御兵。

【注释】

①虢（guó）山：传说中的山名。

②椐：椐树，即灵寿木，树干上多长着肿节，古人常用来制作拐杖。

③橐（luò）驼：骆驼。

④寓：鸟名，蝙蝠之类。

【译文】

再往北三百八十里，有座虢山，山上漆树很多，山下以梧桐树和椐树居多。山的南边盛产玉石，山的北边盛产铁。伊水就从这山发源，之后向西流注入黄河。山中的野兽以橐驼为多，鸟类则以寓鸟为多，这鸟的形状像老鼠，却长着鸟一样的翅膀，它的叫声像羊，把它饲养在身边可以躲避刀兵之灾。

又北四百里，至于虢山之尾，其上多玉而无石。鱼水出焉，西流注于河，其中多文贝。

【译文】

再往北四百里，就来到了虢山的末端，这里的山上遍布着美玉，没有石头。鱼水就从这里发源，之后向西流注入黄河，附近的水里有很多色彩缤纷的贝壳。

又北二百里，曰丹熏之山，其上多樗柏，其草多韭䪥①，多丹雘②。熏水出焉，而西流注于棠水。有兽焉，其状如鼠，而菟首麋耳③，其音如嗥犬④，以其尾飞，名曰耳鼠，食之不脒⑤，又可以御百毒。

【注释】

①薤（xiè）：即鸿荟，一种野菜。

②臒（huò）：颜料，赤石脂之类。

③菟：亦作"兔"，即兔子。

④嗥（háo）：亦作"獆"，吼叫。

⑤脒（cǎi）：腹部鼓胀。

【译文】

再往北二百里，有座丹熏山，山上有大量的臭椿树和柏树，山里的草类以野韭菜和鸿荟为多，山里还盛产丹臒。熏水就从这山发源，之后向西流注入棠水。山中有种野兽，形状像老鼠，长着兔子的脑袋和麋鹿的耳朵，它的声音就像狗在叫，它用尾巴飞行，这种野兽的名字叫耳鼠，人吃了它就不会得腹部鼓胀病，把它养在身边可以躲避百毒之害。

又北二百八十里，曰石者之山，其上无草木，多瑶碧。泚水出焉，西流注于河。有兽焉，其状如豹，而文题白身①，名曰孟极，是善伏，其鸣自呼。

【注释】

①题：额头。

【译文】

再往北二百八十里，有座石者山，山上没有草木，遍布着瑶、碧之类的美玉。泚水就从这山发源，之后向西流注入黄河。山里有种野兽，形状像豹子，长着花斑额头，身体是白色的，这野兽的名字叫孟极，善于隐藏身形，它的叫声就是自己的名字。

又北百一十里，曰边春之山，多葱、葵、韭、桃、李。杠水出焉，而西流注于泑泽。有兽焉，其状如禺而文身①，善笑，见人则卧，名曰幽䴔②，其鸣自呼。

【注释】

①禺（yú）：兽名，类似猿猴。

②幽䴔（è）：古代传说中的怪兽名。

【译文】

再往北一百一十里，有座边春山，山上遍布着野葱、葵菜、韭菜、桃树和李树。杠水就从这山发源，之后向西流注入泑泽。山里有种野兽，形状像猿猴，身上长满了花纹，它喜欢笑，一看见人就假装睡着了，它的名字叫幽䴔，这野兽的叫声就是自己的名字。

又北二百里，曰蔓联之山，其上无草木。有兽焉，其状如禺而有鬣①，牛尾、文臂、马蹄，见人则呼，名曰足訾②，其鸣自呼。有鸟焉，群居而朋飞，其毛如雌雉③，名曰䴀④，其鸣自呼，食之已风⑤。

①鬣（liè）：动物头、颈上的鬃毛。

②足訾（zī）：兽名。

③雉（zhì）：野鸡。

④鸡（jiāo）：鸟名。

⑤风：风痹病。

【译文】

再往北二百里，有座蔓联山，山上没有草木。山里有种野兽，样子像猿猴，脖子上长着鬃毛，牛尾，双臂上遍布着花纹，马蹄，它一看到人就呼唤，它的名字叫足訾，它的叫声就是自己的名字。山里有种鸟，喜欢成群栖息，也喜欢结队飞行，它的羽毛很像雌野鸡，名字叫鸡，它的叫声就是自己的名字，人吃了它能治风痹。

又北百八十里，曰单张之山，其上无草木。有兽焉，其状如豹而长尾，人首而牛耳，一目，名曰诸犍，善咤①，行则衔其尾，居则蟠其尾②。有鸟焉，其状如雉，而文首、白翼、黄足，名曰白鵺③，食之已嗌痛④，可以已痸⑤。栎水出焉⑥，而南流注于杠水。

【注释】

①咤（zhà）：吆喝。

②蟠（pán）：盘曲，盘结。

③鵺（yè）：传说中的鸟名。

④嗌（yì）：咽喉。

⑤瘈（chì）：癫狂病。

⑥栎（lì）水：水名。

【译文】

再往北一百八十里，有座单张山，山上没有草木。山里有种野兽，形状像豹，拖着长尾巴，有人的脑袋和牛的耳朵，长着一只眼睛，它的名字叫诸犍，这野兽喜欢吼叫，走动时用嘴叼着尾巴，在睡觉的时候把尾巴盘起来。山里有种鸟，它的形状像野鸡，脑袋上有花纹，有白色的翅膀和黄色的脚爪，名字叫白鵺，吃了它就能治咽喉疼痛，还可以治癫狂病。栎水就从这山发源，之后向南流注入杠水。

又北三百二十里，曰灌题之山，其上多樗柘①，其下多流沙，多砥。有兽焉，其状如牛而白尾，其音如訆②，名曰那父。有鸟焉，其状如雌雉而人面，见人则跃，名曰竦斯③，其鸣自呼也。匠韩之水出焉，而西流注于泑泽，其中多磁石。

【注释】

①樗（chū）：木名，即臭椿树。柘（zhè）：木名，桑科。是贵重的木料，木汁能染赤黄色。

②訆（jiào）：大声呼叫。

③竦（sǒng）斯：传说中的人面神鸟名。

【译文】

再往北三百二十里，有座灌题山，山上有很多臭椿树和柘树，山下遍布着流沙，还出产大量的磨刀石。山里有种野兽，长得像牛，有一条白色的尾巴，它的叫声像人在高呼，这种野兽的名字叫那父。山里有种鸟，样子像雌野鸡，有一张人的面孔，看见人就跳跃不止，它的名字叫竦斯，它叫的声音就是自己的名字。匠韩水就从这山发源，之后向西流注入泑泽，水中有大量的磁石。

又北二百里，曰潘侯之山，其上多松柏，其下多榛楛①，其阳多玉，其阴多铁。有兽焉，其状如牛，而四节生毛，名曰旄牛②。边水出焉，而南流注于栎泽。

【译文】
　　再往北二百里，有座潘侯山，山上遍布松树和柏树，山下遍布着榛树和楛树，山的南边盛产玉石，山的北边盛产铁。山里有种野兽，形状像牛，四肢的关节上长着长毛，它的名字叫牦牛。边水就从这山发源，之后向南流注入栎泽。

又北二百三十里，曰小咸之山，无草木，冬夏有雪。

【译文】

再往北二百三十里，有座小咸山，山上不生长草木，不论是冬天和夏天都有积雪覆盖。

北二百八十里，曰大咸之山，无草木，其下多玉。是山也，四方，不可以上。有蛇名曰长蛇，其毛如彘豪①，其音如鼓柝②。

【注释】

①彘（zhì）豪：猪颈部的长毛，猪鬃。

①柝（tuò）：古代巡夜敲击报更的木梆。

【译文】

往北二百八十里，有座大咸山，山上不生长草木，山下出产大量的玉石。大咸山是四方形的，人根本不能攀爬上去。山里有种蛇叫长蛇，它的身上有毛，这毛和猪脖子上的硬鬃毛相似，它的叫声像人在敲击梆子。

又北三百二十里，曰敦薨之山，其上多棕楠，其下多茈草①。敦薨之水出焉，而西流注于泑泽。出于昆仑之东北隅，实惟河原②。其中多赤鲑③。其兽多兕、旄牛④，其鸟多尸鸠。

【注释】

①茈（zǐ）草：即紫草。可作紫色染料。

②河原：黄河的源头。

③赤鲑（guī）：河豚的别名。也称鲦鲐。

④兕（sì）：古代兽名。皮厚，可以制甲。

【译文】

再往北三百二十里，有座敦薨山，山上有很多棕树和楠树，山下到处是紫草。敦薨水就从这山发源，之后向西流注入泑泽。泑泽位于昆仑山的东北边，这里是黄河的源头。敦薨水中有大量的赤鲑鱼。山里的野兽以兕、牦牛居多，而鸟类以布谷鸟居多。

又北二百里，曰少咸之山，无草木，多青碧。有兽焉，其状如牛，而赤身、人面、马足，名曰窫窳①，其音如婴儿，是食人。敦水出焉，东流注于雁门之水，其中多鲋鲋之鱼②，食之杀人。

【注释】

①窫窳（yàyǔ）：古代传说中一种吃人的怪兽。

②鲋鲋（bèi）之鱼：一名江豚。

【译文】

再往北二百里，有座少咸山，山上没有草木，遍布着青碧玉。山里有种野兽，形状像牛，长着红色的身体，有张人的面孔和马的蹄子，名字叫窫窳，它的叫声就像婴儿啼哭，它吃人。敦水就从这山发源，之后向东流注入雁门水，附近的水里有很多鲋鲋鱼，吃了它会中毒身亡。

又北二百里，曰狱法之山，滦泽之水出焉①，而东北流注于泰泽。其中多鱲鱼②，其状如鲤而鸡足，食之已疣。有兽焉，其状如犬而人面，善投，见人则笑，其名曰山㹇③，其行如风，见则天下大风。

【注释】

①潨（huái）泽：古代传说中的水名。

②鱲（zǎo）鱼：传说中的怪鱼。

③山㹇（huī）：怪兽名。

【译文】

再往北二百里，有座狱法山，潨泽水就从这山发源，之后向东北流注入泰泽。潨泽水中有大量鱲鱼，这鱼的形状像鲤鱼，长着鸡的爪子，吃了它能治好皮肤上的赘瘤病。山里还有种野兽，样子像狗，长着人的面孔，擅长投掷东西，一看见人就笑，名字叫山㹇。它行走快如风，它一出现就会刮大风。

又北二百里，曰北岳之山①，多枳棘刚木②。有兽焉，其状如牛，而四角、人目、彘耳，其名曰诸怀，其音如鸣雁，是食人。诸怀之水出焉，而西流注于嚣水。其中多鮨鱼③，鱼身而犬首，其音如婴儿，食之已狂。

【注释】

①北岳：古人或以其为恒山，在今山西大同附近。

②枳、棘：都是落叶灌木，小乔木。枳木像橘树，叶

子上有刺。棘是酸枣树，枝叶也有刺。刚木：檀
树、柘树一类的树。

③鲋（yì）鱼：古代传说中一种类似鲵鱼的鱼。

【译文】

再往北二百里，有座北岳山，山上遍布着枳树、酸枣树和檀、柘一类的树。山里有种野兽，形状像牛，长着四只角，有人的眼睛和猪的耳朵，它的名字叫诸怀，发出的声音就像大雁在鸣叫，它吃人。诸怀水就从这山发源，之后向西流注入嚣水。诸怀水中有很多鲋鱼，这鱼有普通鱼的身体，有狗的脑袋，叫声像婴儿在哭，吃了它能治疯癫病。

又北百八十里，曰浑夕之山，无草木，多铜玉。嚣水出焉，而西北流注于海。有蛇一首两身，名曰肥遗，见则其国大旱。

【译文】

再往北一百八十里，有座浑夕山，山上没有草木，出产大量的铜和玉石。嚣水就从这山发源，之后向西北流注入大海。这山里有种一个脑袋两个身子的蛇，名字叫肥遗，它出现在哪个国家，那个国家就会发生严重的旱灾。

又北五十里，曰北单之山，无草木，多葱韭。

【译文】

再往北五十里，有座北单山，山上没有草木，有很多

野葱和野韭菜。

又北百里，曰罴差之山，无草木，多马①。

【注释】

①马：此处指野马，比驯养的马体形要小一些，现在
　数量已非常稀少。

【译文】

　再往北一百里，有座罴差山，山上没有草木，有很多
野马。

又北百八十里，曰北鲜之山，是多马。鲜水出
焉，而西北流注于涂吾之水。

【译文】

　再往北一百八十里，有座北鲜山，山里有很多野马。
鲜水就从这山里发源，之后向西北流注入涂吾水。

又北百七十里，曰隄山，多马。有兽焉，其状
如豹而文首，名曰狕①。隄水出焉，而东流注于泰
泽，其中多龙龟②。

【注释】

①狕（yǎo）：兽名。
②龙龟：一种龙种龟身的怪兽，也叫吉吊。

【译文】

再往北一百七十里，有座隈山，山上有很多野马。山里有种野兽，形状像豹子，脑袋上有很多花纹，它的名字叫做狪。隈水就从这山发源，之后便向东流注入泰泽，隈水有很多龙龟。

凡北山之首，自单狐之山至于隈山，凡二十五山，五千四百九十里，其神皆人面蛇身。其祠之：毛用一雄鸡彘瘗①，吉玉用一珪，瘗而不糈②。其山北人，皆生食不火之物。

【注释】

①彘（zhì）：猪。瘗（yì）：埋。
②糈（xǔ）：祭祀用的精米。

【译文】

北方第一列山系，从单狐山起到隈山一共有二十五座，长达五千四百九十里，诸山的山神都是人面蛇身。祭祀诸山神的礼仪如下：带毛的祭品用一只公鸡和一头猪，把它们埋入地下，祭神的吉玉用一块珪，埋入地下，不用精米。祭祀时，住在诸山北边的人，都要生吃没有经过烹煮的食物。

北次二山之首，在河之东，其首枕汾①，其名曰管涔之山②。其上无木而多草，其下多玉。汾水出焉③，而西流注于河。

【注释】

①枕汾：临汾水之上。

②管涔（cén）：山名。

③汾水：今在山西境内。

【译文】

北方第二列山系的第一座山在黄河的东岸，这山的山头枕着汾水，山的名字叫管涔山。山上没有树，却遍布着花草，山下盛产玉石。汾水就从这山发源，之后向西流注入黄河。

又北二百五十里，曰少阳之山，其上多玉，其下多赤银①。酸水出焉，而东流注于汾水，其中多美赭②。

【注释】

①赤银：银的一种，可能为浅红色。

②赭（zhě）：一种含着铁质矿物的红土。

【译文】

再往北二百五十里，有座少阳山，山上盛产玉石，山下出产丰富的赤银。酸水就从这山发源，之后向东流注入汾水，酸水盛产品质优良的赭石。

又北五十里，曰县雍之山，其上多玉，其下多铜，其兽多闾麋①，其鸟多白翟白䳜②。晋水出焉③，而东南流注于汾水。其中多鮆鱼④，其状如儵而赤鳞⑤，其音如叱⑥，食之不骚⑦。

【注释】

①闾（lú）：古代的兽名，即山驴。

②白鹬（yǒu）：野鸡的一种。

③晋水：水名。出晋阳县，亦在山西境内。

④鱃鱼：古代传说中的一种怪鱼。

⑤鲦（tiáo）：古代传说中的一种怪鱼。

⑥叱（chì）：责骂呵斥。

⑦骚：指身体有异味的疾病，如狐臭之类。

【译文】

再往北五十里，有座县雍山，山上盛产玉石，山下盛产铜，山里的野兽以山驴和麋鹿居多，鸟类以白色的野鸡和白鹬鸟居多。晋水就从这山发源，之后向东南流注入汾水。晋水有很多鱃鱼，这鱼的形状像鲦鱼，鳞甲是红色的，它的叫声像人们的斥骂声，吃了它就不会得狐臭。

又北二百里，曰狐岐之山，无草木，多青碧。胜水出焉，而东北流注于汾水，其中多苍玉。

【译文】

再往北二百里，有座狐岐山，山上没有草木，遍布着青碧玉。胜水就从这山发源，之后向东北流注入汾水，附近的水里盛产青玉。

又北三百五十里，曰白沙山，广员三百里，尽沙也，无草木鸟兽。鲔水出于其上^①，潜于其下，是多白玉。

【注释】

①鲔（wěi）水：水名。

【译文】

再往北三百五十里，有座白沙山，这座山方圆有三百里，山上到处是沙子，也没有任何花草树木和鸟兽。鲔水就从这山的山顶发源，之后潜流到山下，附近的水里盛产白玉。

又北四百里，曰尔是之山，无草木，无水。

【译文】

再往北四百里，有座尔是山，山上草木不生，也没有水。

又北三百八十里，曰狂山，无草木。是山也，冬夏有雪。狂水出焉，而西流注于浮水，其中多美玉。

【译文】

再往北三百八十里，有座狂山，山上草木不生。狂山上冬天和夏天都被积雪覆盖。狂水就从这山发源，之后向西流注入浮水，附近的水里盛产品质优良的玉石。

又北三百八十里，曰诸馀之山，其上多铜玉，其下多松柏。诸馀之水出焉，而东流注于㴲水。

【译文】

再往北三百八十里，有座诸馀山，山上盛产铜和玉石，山下长满了松树和柏树。诸馀水就从这山发源，之后向东流注入㴲水。

又北三百五十里，曰敦头之山，其上多金玉，无草木。㴲水出焉，而东流注于邛泽①。其中多䮝马②，牛尾而白身，一角，其音如呼。

【注释】

①邛（qióng）泽：水名。

②䮝（bó）马：传说中的野兽名，野马的一种。

【译文】

再往北三百五十里，有座敦头山，山上蕴藏着丰富的金属和玉石，却没有任何花草树木。㴲水就从这山发源，之后向东流注入邛泽。这座山里有很多䮝马，这马长着牛一样的尾巴，身体是白色的，长着一只角，它发出的声音就像人在呼唤。

又北三百五十里，曰钩吾之山，其上多玉，其下多铜。有兽焉，其状羊身人面，其目在腋下，虎齿人爪，其音如婴儿，名曰狍鸮①，是食人。

【注释】

①狍（páo）鸮：传说中的吃人怪兽。

【译文】

再往北三百五十里，有座钩吾山，山上盛产玉石，山下盛产铜。山里有种野兽，身体像羊，有人的面孔，眼睛长在腋窝的下边，牙齿就像老虎的一样，还有人的指甲，它的叫声就像婴儿在啼哭，它的名字叫狍鸮，吃人。

又北三百里，曰北嚣之山，无石，其阳多碧，其阴多玉。有兽焉，其状如虎，而白身犬首，马尾鬣鬣^①，名曰独狢^②。有鸟焉，其状如乌，人面，名曰鹭鶝^③，宵飞而昼伏，食之已暍^④。涔水出焉，而东流注于邛泽。

【注释】

①鬣（liè）：泛指动物头、颈上的毛。

②独狢（yù）：野兽名。

③鹭鶝（pánmào）：一种传说中的鸟。

④暍（yē）：中暑，伤暑。

【译文】

再往北三百里，有座北嚣山，山上没有石头，山的南边盛产碧玉，山的北边盛产玉石。山里有种野兽，形状像老虎，身体是白色的，脑袋就像狗的脑袋，有马的尾巴，脖子上有猪鬃一样的鬃毛，它的名字叫独狢。山里还有种鸟，形状像乌鸦，却有着人一般的面孔，名字叫鹭鶝，它在夜里活动白天休息，吃了它就不会中暑。涔水就从这山发源，之后向东流注入邛泽。

又北三百五十里，曰梁渠之山，无草木，多金玉。脩水出焉，而东流注于雁门。其兽多居暨，其状如彙而赤毛①，其音如豚②。有鸟焉，其状如夸父③，四翼、一目、犬尾，名曰嚣，其音如鹊，食之已腹痛，可以止衕④。

【注释】

①彙（huì）：刺猬。

②豚（tún）：小猪。

③夸父：一种兽名。

④衕（dòng）：中医指腹泻不止的疾病。

【译文】

再往北三百五十里，有座梁渠山，山上不生长任何花草树木，蕴藏着丰富的金属和玉石。脩水就从这山发源，之后向东流注入雁门水。山中的野兽以居暨兽为多，这种野兽的样子像刺猬，浑身长着红色的毛，它的叫声像小猪。山里还有种鸟，样子像夸父，有四只翅膀，只有一只眼睛，长着狗一样的尾巴，它的名字叫嚣，这鸟的叫声和喜鹊的叫声差不多，吃了它可以治肚子痛，也可以治腹泻。

又北四百里，曰姑灌之山，无草木。是山也，冬夏有雪。

【译文】

再往北四百里，有座姑灌山，山上不长任何花草树木，而且无论冬天夏天都有积雪。

又北三百八十里，曰湖灌之山，其阳多玉，其阴多碧，多马。湖灌之水出焉，而东流注于海，其中多鳝①。有木焉，其叶如柳而赤理。

【注释】

①鳝（shàn）：即鲜，鳝鱼。

【译文】

再往北三百八十里，有座湖灌山，这山的南边盛产玉石，山的北边盛产碧玉，山里边还有很多野马。湖灌水就从这山发源，之后向东流注入海，附近的水中有很多鳝鱼。这山里还生长着一种树，它的叶子像柳树叶，上面有红色的纹理。

又北水行五百里，流沙三百里，至于洹山①，其上多金玉。三桑生之，其树皆无枝，其高百仞。百果树生之。其下多怪蛇。

【注释】

①洹（huán）山：山名。

【译文】

再往北行五百里水路，之后穿过三百里的流沙，就到了洹山，这座山里蕴藏着丰富的金属和玉石。山里有种三桑树，这树没有任何枝条，树干高达一百仞。山里还生长着各种果树。山下有很多怪蛇。

又北三百里，曰敦题之山，无草木，多金玉。是镆于北海^①。

【注释】
①镆：通"蹲"。

【译文】
再往北三百里，有座敦题山，山里没有任何草木，却蕴藏着大量的金属和玉石。敦题山就坐落在北海的岸边。

凡北次二山之首，自管涔之山至于敦题之山，凡十七山，五千六百九十里。其神皆蛇身人面。其祠：毛用一雄鸡彘瘗；用一璧一珪，投而不糈。

【译文】
北方第二列山系，从管涔山到敦题山一共有十七座，长达五千六百九十里。诸山山神都有蛇的身子和人的面孔。祭祀诸山的礼仪如下：带毛的动物祭品用一只公鸡和一头猪，把它们埋入地下；祭祀的玉器用一块璧和一块珪，一起投入山中，祭祀时不用精米。

北次三山之首，曰太行之山。其首曰归山，其上有金玉，其下有碧。有兽焉，其状如麢羊而四角，马尾而有距①，其名曰𩣡②，善还③，其名自訆④。有鸟焉，其状如鹊，白身、赤尾、六足，其名曰鹓⑤，是善惊，其鸣自詨⑥。

【注释】

①距：雄鸡、雉等动物的腿后面突出像脚趾的部分。

②𩣡（hún）：传说中的一种兽名。

③还（xuán）：旋转，回旋。

④訆（jiào）：大声呼叫。

⑤鹓（bēn）：传说中的鸟名，体型奇特。

⑥詨：通“叫”。

【译文】

北方第三列山系的第一座叫太行山。太行山的起始叫归山，归山上出产金属和玉石，山下出产碧玉。山里有种野兽，样子像麢羊，长着四只角，有马的尾巴，足上有距，名字叫𩣡，擅长旋转，它的叫声就是自己的名字。山里有种鸟，样子像喜鹊，有白色的身体和红色的尾巴，长着六只脚，名字叫鹓，这种鸟的警惕性很高，很容易被惊动，它的叫声就是自己的名字。

又东北二百里，曰龙侯之山，无草木，多金玉。决决之水出焉，而东流注于河。其中多人鱼，其状如鲭鱼①，四足，其音如婴儿，食之无痴疾②。

①鳀（tí）鱼：鲵鱼，俗称娃娃鱼。

②痴：白痴，不聪明。

【译文】

再往东北二百里，有座龙侯山，山上没有草木，蕴藏丰富的金属和玉石。决决水就从这山发源，之后向东注入黄河。附近的水里有很多人鱼，样子像一般的鳀鱼，长着四只脚，它的叫声就像婴儿在啼哭，吃了它人就不会得疯癫病。

又东北二百里，曰马成之山，其上多文石，其阴多金玉。有兽焉，其状如白犬而黑头，见人则飞，其名曰天马，其鸣自训。有鸟焉，其状如乌，首白而身青、足黄，是名曰鹍鹍①，其鸣自诙，食之不饥，可以已寓②。

【注释】

①鹍鹍（qūjū）：传说中的鸟名。

②寓：老年痴呆一类的病症。

【译文】

再往东北二百里，有座马成山，山上出产很多有漂亮纹理的石头，山的北边盛产金属和玉石。山里有种野兽，样子像普通的白狗，但是脑袋却是黑色的，这野兽一看见人就会飞走，它的名字叫天马，它的叫声就是自己的名字。这座山里还有种鸟，形状像乌鸦，长着白色的脑袋，身体是青色的，有黄色的爪子，这鸟叫鹍鹍，它的叫声就是自己的名字，吃了它人就不会感觉到饥饿，也可以医治痴呆症。

　　又东北七十里，曰咸山，其上有玉，其下多铜，是多松柏，草多茝草。条菅之水出焉，而西南流注于长泽。其中多器酸①，三岁一成，食之已疠②。

【注释】

①器酸：产于静水中的一种酸味食物。

②疠（lì）：恶疮，麻风。

【译文】

　　再往东北七十里，有座咸山，山上盛产玉石，山下盛产铜。山上遍布着松树和柏树，草以紫草居多。条菅水就从这山发源，之后向西南注入长泽。附近的水里出产大量的器酸，这器酸要三年才能收获一次，吃了它能治恶疮。

　　又东北二百里，曰天池之山，其上无草木，多文石。有兽焉，其状如兔而鼠首，以其背飞，其名曰飞鼠。滠水出焉①，潜于其下，其中多黄垩②。

【注释】

①滠（shéng）水：古水名。

②垩（è）：泛指泥土。

再往东北二百里，有座天池山，山上没有草木，山中遍布着带有美丽花纹的石头。山里有种野兽，样子像兔子，头像老鼠，它用背上的长毛飞行，名字叫飞鼠。渑水就从这山发源，潜流到山下，附近的水里盛产黄色垩土。

又东三百里，曰阳山，其上多玉，其下多金铜。有兽焉，其状如牛而赤尾，其颈䞀^①，其状如句瞿^②，其名曰领胡，其鸣自詨，食之已狂。有鸟焉，其状如雌雉，而五采以文，是自为牝牡，名曰象蛇，其鸣自詨。留水出焉，而南流注于河。其中有䱁父之鱼^③，其状如鲋鱼^④，鱼首而彘身，食之已呕。

①颈䞀（shèn）：脖子多余隆起的肉，似肉瘤。

②句瞿（gōuqú）：斗。

③䱁（xiàn）父：鱼名。

④鲋（fù）鱼：即鲫鱼。

再往东三百里，有座阳山，山上盛产玉石，山下盛产金和铜。山里有种野兽，样子像牛，长着红色的尾巴，它的脖子上有肉瘤，这肉瘤的形状像个斗，这种野兽的名字叫领胡，领胡的叫声就是自己的名字，吃了它能治癫狂症。山里有种鸟，形状像雌野鸡，羽毛上有五彩缤纷的花纹，这种鸟是雄雌合体的，可以自行交配繁殖，它的名字叫象蛇，它的叫声就是自己的名字。留水就从这山发源，之后向南流注入黄河。附近的水里生长着鲐父鱼，这鱼的形状像鲫鱼，它长着鱼的脑袋，猪的身子，吃了它可以治呕吐。

又东三百五十里，曰贲闻之山，其上多苍玉，其下多黄垩，多涅石。

【译文】

再往东三百五十里，有座贲闻山，山上盛产青玉，山下盛产黄色垩土，涅石的储量也很丰富。

又北百里，曰王屋之山①，是多石。㶌水出焉②，而西北流注于泰泽。

【注释】

①王屋：山名，今在山西境内。

②㶌（lián）水：水名。

【译文】

再往北一百里，有座王屋山，这座山里遍布着石头。㶌水就从这山发源，之后向西北流注入泰泽。

又东北三百里，曰教山，其上多玉而无石。教水出焉，西流注于河，是水冬干而夏流，实惟干河。其中有两山。是山也，广员三百步，其名曰发丸之山，其上有金玉。

【译文】

再往东北三百里，有座教山，山上有大量的玉石，却没有石头。教水从这山发源，之后向西流注入黄河，这条水系到了冬季就会干枯，在夏季才会有水流，可以说是一条干河。教水的河道中有两座小山，这两座小山方圆三百步，叫发丸山，这两座小山上蕴藏着丰富的金属和玉石。

又南三百里，曰景山，南望盐贩之泽，北望少泽，其上多草、藷薁①，其草多秦椒②，其阴多赭，其阳多玉。有鸟焉，其状如蛇，而四翼、六目、三足，名曰酸与，其鸣自詨，见则其邑有恐。

【注释】

①藷薁（yù）：即薯蓣，俗称"山药"。

②秦椒：一种类似花椒的草本植物。

【译文】

再往南三百里，有座景山，从这座山上往南观望，可以看见盐贩泽，向北观望，可以看见少泽。山上生长着很多草和藷薁，山中的草以秦椒为多，这座山的北边盛产赭石，山的南边盛产玉石。这座山里有种鸟，样子长得像蛇，这鸟有四只翅膀和六只眼睛，还有三只脚，它的名字叫酸与，这鸟的叫声就是自己的名字，这种鸟出现的地方就会有恐怖的事情发生。

又东南三百二十里，曰孟门之山，其上多苍

玉，多金，其下多黄垩，多涅石。

【译文】

再往东南三百二十里，有座孟门山，这座山上有大量的青玉，山里还出产大量的金属，山下遍布着黄色的垩土，也有储量丰富的涅石。

又东南三百二十里，曰平山，平水出于其上，潜于其下，是多美玉。

【译文】

再往东南三百二十里，有座平山，平水就从这山的山顶发源，之后潜流到山下，附近的水里出产大量质地优良的玉石。

又东二百里，曰京山，有美玉，多漆木，多竹，其阳有赤铜，其阴有玄㻬①。高水出焉，南流注于河。

【注释】

①玄㻬（sù）：黑色磨刀石。玄，黑色的。㻬，砥石，即磨刀石。

【译文】

再往东二百里，有座京山，山里出产漂亮玉石，遍布着漆树，遍山都是竹林，这座山的南边出产赤铜，山的北

边出产黑色磨刀石。高水就发源于此山，之后向南流注入
黄河。

又东二百里，曰虫尾之山，其上多金玉，其下
多竹，多青碧。丹水出焉，南流注于河。薄水出
焉，而东南流注于黄泽。

【译文】
再往东二百里，有座虫尾山，山上蕴藏丰富的金属和
玉石，山下到处是低矮的竹丛，山里还有大量青碧玉。丹
水就从这山发源，之后向南流注入黄河。薄水也从这山发
源，之后向东南流注入黄泽。

又东三百里，曰彭毗之山，其上无草木，多金
玉，其下多水。蚤林之水出焉，东南流注于河。肥
水出焉，而南流注于床水，其中多肥遗之蛇。

【译文】
再往东三百里，有座彭毗山，山上并不生长任何草木，
蕴藏丰富的金属和玉石，山下到处是流水。蚤林水就从这
山发源，之后向东南流注入黄河。肥水就从这山发源，之
后向南流注入床水，附近的水里有很多肥遗蛇。

又东百八十里，曰小侯之山，明漳之水出焉，
南流注于黄泽。有鸟焉，其状如乌而白文，名曰鸪

鹊^①，食之不瀸^②。

【注释】

①鸪鹊（gūxí）：鸟名。

②瀸（jiào）：眼睛昏蒙不清。

【译文】

再往东一百八十里，有座小侯山，明漳水就从这山发源，之后向南流注入黄泽。这座山里有种鸟，形状像乌鸦，身上有白色的斑纹，它的名字叫鸪鹊，吃了它的肉眼睛就会明亮不昏花。

又东三百七十里，曰泰头之山，共水出焉^①，南注于滹池^②。其上多金玉，其下多竹箭。

【注释】

①共（gōng）水：水名。

②滹池（hūtuó）：水名，今河北西部有滹沱河。

【译文】

再往东三百七十里，有座泰头山，共水就从这山发源，之后向南注入滹池水。这座山上蕴藏着丰富的金属和玉石，山下遍布着低矮的小竹丛。

又东北二百里，曰轩辕之山，其上多铜，其下多竹。有鸟焉，其状如枭而白首，其名曰黄鸟，其鸣自詨，食之不妒。

【译文】

　　再往东北二百里，有座轩辕山，山上铜矿丰富，山下遍布着竹子。山里有种鸟，形状就像猫头鹰，长着白色的脑袋，这鸟的名字叫黄鸟，它的叫声就是自己的名字，人吃了它就不会嫉妒。

　　又北二百里，曰谒戾之山，其上多松柏，有金玉。沁水出焉，南流注于河。其东有林焉，名曰丹林。丹林之水出焉，南流注于河。婴侯之水出焉，北流注于汜水。

【译文】

　　再往北二百里，有座谒戾山，山上遍布着松树和柏树，山里蕴藏着丰富的金属和玉石。沁水就从这山发源，之后向南流注入黄河。这座山的东边有一片树林，它的名字叫丹林。丹林水就从这树林发源，之后向南流注入黄河。婴侯水也从这里发源，之后向北流注入汜水。

　　东三百里，曰沮洳之山^①，无草木，有金玉。瀑水出焉^②，南流注于河。

【注释】

①沮洳（rù）之山：传说中的山名。
②瀑（qí）：水名，今河南济源有瀑水。

【译文】

往东三百里，有座沮洳山，山上草木不生，有金属和玉石。濝水就从这山发源，之后向南流注入黄河。

又北三百里，曰神囷之山^①，其上有文石，其下有白蛇，有飞虫^②。黄水出焉^③，而东流注于洹^④。滏水出焉^⑤，而东流注于欧水。

【注释】

①神囷（qūn）之山：山名。囷，圆形的谷仓。

②飞虫：指蚊蚋一类的小飞虫。

③黄水：古水名。

④洹（huán）：古水名。

⑤滏（fǔ）水：水名。即今滏阳河，在河北西南部。

【译文】

再往北三百里，有座神囷山，山上有带美丽花纹的石头，山下有白色的蛇，还有飞虫。黄水就从这山发源，之后向东流注入洹水。滏水也从这山发源，之后向东流注入欧水。

又北二百里，曰发鸠之山，其上多柘木^①。有鸟焉，其状如乌，文首、白喙、赤足，名曰精卫，其鸣自詨。是炎帝之少女名曰女娃，女娃游于东海，溺而不返，故为精卫，常衔西山之木石，以堙于东海^②。漳水出焉，东流注于河。

①柘（zhè）木：木名，桑树的一种，树叶可以用来养
  蚕，果实可吃。

②埋（yīn）：堵塞。

【译文】

再往北二百里，有座发鸠山，山上生长着大量的柘树。
山里有种鸟，样子像乌鸦，长着花斑脑袋，有白色的嘴巴和
红色的脚爪，它的名字叫精卫，这鸟的叫声就是自己的名
字。精卫本来是炎帝的小女儿，名字叫女娃。女娃到东海游
玩时不幸溺水，于是她变成了精卫鸟，常衔回西山的树枝和
石子来填塞东海。漳水就从这山发源，之后向东流注入黄河。

又东北百二十里，曰少山，其上有金玉，其下
有铜。清漳之水出焉，东流注于浊漳之水。

【译文】

再往东北一百二十里，有座少山，山上出产金属和玉
石，山下出产铜。清漳水就从这山发源，之后向东流注入
浊漳水。

又东北二百里，曰锡山，其上多玉，其下有
砥。牛首之水出焉，而东流注于滏水。

【译文】

再往东北二百里，有座锡山，山上盛产玉石，山下出

产磨刀石。牛首水就从这山发源，之后向东流注入滏水。

又北二百里，曰景山，有美玉。景水出焉，东南流注于海泽。

【译文】

再往北二百里，有座景山，山上出产质地优良的玉石。景水就从这山发源，之后向东南流注入海泽。

又北百里，曰题首之山，有玉焉，多石，无水。

【译文】

再往北一百里，有座题首山，山里出产玉石，到处是石头，但没有水。

又北百里，曰绣山，其上有玉、青碧。其木多栒①，其草多芍药、芎䓖②。洧水出焉③，而东流注于河，其中有鳠、黾④。

【注释】

①栒（xún）：树名。

②芎䓖（xiōngqióng）：川芎一类的药材。

③洧（wěi）水：古水名，即今双洎河。

④鳠（hù）：鱼名，类似鲇鱼。黾（měng）：一种小型的蛙类，呈青色。

【译文】

再往北一百里，有座绣山，山上有玉和青碧玉，山里的树木以枸树居多，草类以芍药、芎䓖居多。洧水就从这山发源，之后向东流注入黄河，附近的水里有鳝鱼和鼋鼍。

又北百二十里，曰松山，阳水出焉，东北流注于河。

【译文】

再往北一百二十里，有座松山，阳水就从这山发源，之后向东北流注入黄河。

又北百二十里，曰敦与之山，其上无草木，有金玉。溹水出于其阳^①，而东流注于泰陆之水；泜水出于其阴^②，而东流注于彭水。槐水出焉，而东流注于泜泽。

【注释】

①溹（suò）水：水名。今河北临城西南有溹水。
②泜（zhī）水：水名。今名泜河。

【译文】

再往北一百二十里，有座敦与山，山上不生长草木，蕴藏着金属矿和玉石。溹水就从敦与山的南边发源，之后向东流注入泰陆水；泜水从敦与山的北边发源，然后向东流注入彭水。槐水也从这山发源，之后向东流注入泜泽。

又北百七十里，曰柘山，其阳有金玉，其阴有铁。历聚之水出焉，而北流注于洧水。

【译文】

再往北一百七十里，有座柘山，山的南边出产金属和玉石，山的北边出产铁。历聚水就从这山发源，之后向北流注入洧水。

又北三百里，曰维龙之山，其上有碧玉，其阳有金，其阴有铁。肥水出焉，而东流注于皋泽，其中多礧石①。敝铁之水出焉，而北流注于大泽。

【注释】

①礧（lěi）石：大石。

【译文】

再往北三百里，有座维龙山，山上出产碧玉，山的南边出产金子，山的北边出产铁。肥水就从这山发源，之后向东流注入皋泽，水里有很多大石头。敝铁水就从这山发源，之后向北流注入大泽。

又北百八十里，曰白马之山，其阳多石玉，其阴多铁，多赤铜。木马之水出焉，而东北流注于虖沱。

【译文】

再往北一百八十里，有座白马山，山的南边盛产石头和玉石，山的北边盛产铁，这座山里还出产大量赤铜。木马水就从这山发源，之后向东北流注入虖沱水。

又北二百里，曰空桑之山，无草木，冬夏有雪。空桑之水出焉，东流注于虖沱。

【译文】

再往北二百里，有座空桑山，山上没有草木，不论冬夏都有积雪。空桑水就从这山发源，之后向东流注入虖沱水。

又北三百里，曰泰戏之山，无草木，多金玉。有兽焉，其状如羊，一角一目，目在耳后，其名曰?䏣^①，其鸣自詨。虖沱之水出焉，而东流注于溇水^②。液女之水出于其阳^③，南流注于沁水。

【注释】

①?䏣（dōng）：传说中的兽名。
②溇（lóu）水：水名。
③液女：水名。

【译文】

再往北三百里，有座泰戏山，山里不生长草木，蕴藏着丰富的金属和玉石。山里有种野兽，样子像羊，却只有一只角和一只眼睛，它的眼睛长在耳朵的后边，它的名字叫?䏣，这野兽的叫声就是它的名字。虖沱水就从这山发源，之后向东流注入溇水。液女水就发源于这山的南边，之后向南流注入沁水。

又北三百里，曰石山，多藏金玉。濩濩之水出焉①，而东流注于虖沱；鲜于之水出焉，而南流注于虖沱。

【注释】

①濩濩（huò）：水名。

【译文】

再往北三百里，有座石山，山里金属和玉石储量丰富。濩濩水就从这山发源，之后向东流注入虖沱水；鲜于水也从这山发源，之后向南流注入虖沱水。

又北二百里，曰童戎之山，皋涂之水出焉，而东流注于溇液水。

【译文】

再往北二百里，有座童戎山，皋涂水就从这山发源，之后向东流注入溇液水。

又北三百里，曰高是之山，滋水出焉，而南流注于虖沱。其木多棕，其草多条。滱水出焉①，东流注于河。

【注释】

①滱（kòu）水：古水名。在河北境内，宋代后其名逐
渐废弃。

【译文】

再往北三百里，有座高是山，滋水就从这山发源，
之后向南流注入虖沱水。高是山树木以棕树居多，草类
则以条草居多。滱水也从这山发源，之后向东流注入
黄河。

又北三百里，曰陆山，多美玉。鄫水出焉①，
而东流注于河。

【注释】

①鄫（jiāng）水：传说中的水名。

【译文】

再往北三百里，有座陆山，这座山里有大量质地优良
的玉石。鄫水从这山发源，之后向东流注入黄河。

又北二百里，曰沂山①，般水出焉②，而东流注
于河。

【注释】

①沂（yí）山：山名。今山东沂水北，临朐南有沂山，
又称东泰山。按地理位置与文中不合，恐非东泰山。
②般（pán）水：古水名。

【译文】

再往北二百里，有座沂山，般水就从这山发源，之后向东流注入黄河。

北百二十里，曰燕山，多婴石①。燕水出焉，东流注于河。

【注释】

①婴石：传说中燕山所产的美石，似玉。

【译文】

往北一百二十里，有座燕山，山里盛产有花纹的美丽石头。燕水就从这山发源，之后向东流注入黄河。

又北山行五百里，水行五百里，至于饶山。是无草木，多瑶碧，其兽多橐驼①，其鸟多鹠②。历虢之水出焉，而东流注于河。其中有师鱼③，食之杀人。

【注释】

①橐（luò）驼：骆驼。

②鹠（liú）：即鸺鹠，鸟名。猫头鹰一类的鸟。

③师鱼：一种鱼名，有毒。

【译文】

再往北行进五百里山路，之后再走五百里水路，就到了饶山。这山里不生长草木，到处是瑶、碧一类的美玉，山里的野兽以骆驼为多，鸟类则以鸺鹠为多。历虢水就从这山发源，之后向东流注入黄河。附近的水里有师鱼，人吃了它就会被毒死。

又北四百里，曰乾山①，无草木，其阳有金玉，其阴有铁而无水。有兽焉，其状如牛而三足，其名曰獂②，其鸣自详。

【注释】

①乾（gān）山：传说中的山名。

②獂（huán）：传说中的野兽名。

【译文】

再往北四百里，有座乾山，山里没有草木，山的南边蕴藏着金属和玉石，山的北边蕴藏着铁，乾山没有水。山里有种野兽，样子像牛，长着三只脚，它的名字叫獂，这野兽的叫声就是自己的名字。

又北五百里，曰伦山，伦水出焉，而东流注于河。有兽焉，其状如麋，其州在尾上①，其名曰罴九②。

【注释】

①州：屁股，臀。

②罴（pí）九：古代传说中的兽名。

【译文】

再往北五百里，有座伦山，伦水就从这山发源，之后向东流注入黄河。山里有种野兽，样子像麋鹿，它的肛门长在尾巴上，这野兽的名字叫冞九。

又北五百里，曰碣石之山①，绳水出焉，而东流注于河，其中多蒲夷之鱼。其上有玉，其下多青碧。

【注释】

①碣石：山名，今在河北昌黎一带。

【译文】

再往北五百里，有座碣石山，绳水就从这山发源，之后向东流注入黄河，附近的水里有很多蒲夷鱼。山上产玉石，山下盛产青碧玉。

又北水行五百里，至于雁门之山，无草木。

【译文】

再往北走五百里水路，就到了雁门山，这山没有草木。

又北水行四百里，至于泰泽。其中有山焉，曰帝都之山，广员百里，无草木，有金玉。

【译文】

再往北走四百里水路，就到了泰泽。泰泽里有座山，叫做帝都山，此山方圆一百里，没有草木，山里有金属和玉石。

又北五百里，曰錞于毋逢之山，北望鸡号之山，其风如飂①。西望幽都之山，浴水出焉。是有大蛇，赤首白身，其音如牛，见则其邑大旱。

【注释】

①飂（lì）：风急速貌。

【译文】

再往北五百里，有座錞于毋逢山，从这座山向北望去，可以看见鸡号山，从那里吹出的风非常刚劲。从錞于毋逢山向西望去，可以看见幽都山，浴水就从幽都山发源。錞于毋逢山里有种大蛇，这蛇有红色的脑袋和白色的身体，它的声音就像牛在叫，这蛇在什么地方出现，那里就会发生严重的旱灾。

凡北次三山之首，自太行之山以至于毋逢之山，凡四十六山，万二千三百五十里。其神状皆马身而人面者廿神①。其祠之：皆用一藻珪瘗之。其十四神状皆彘身而载玉。其祠之：皆玉，不瘗。其十神状皆彘身而八足蛇尾。其祠之：皆用一璧瘗之。大凡四十四神，皆用稌糈米祠之。此皆不火食。

【注释】

①廿（niàn）：二十。

【译文】

北方第三列山系，从太行山起到毋逢山一共有四十六座，长达一万二千三百五十里。其中二十座山的山神都有马的身体和人的面孔。祭祀这些山的礼仪如下：都用一块祭祀的藻珪埋入地下。另外十四座山的山神都有猪的身体，佩戴着玉制的饰品。祭祀他们用玉器，不埋入地下。另有十座山的山神都有猪的身体，长着八只脚，有蛇尾，祭祀这些山的礼仪如下：用一块玉璧祭祀，之后埋入地下。所有这四十四位山神祭祀时的精米都用稻米。祭祀诸山的山神都要用未经火烹调的食物。

　　右北经之山，凡八十七山，二万三千二百三十里。

【译文】
　　以上是北方的山系，总共有八十七座，长达二万三千二百三十里。

卷四

东山经

《东山经》详细介绍了东方四个大山系，共四十六座山的方位和物产等情况。

第一座山系从樕䖒山起到竹山，一共十二座。这一山系靠近北海也就是今天的渤海，从这些山里发源的水系大多注入北海。可见该经的记述顺序是由北至南的。

第二座山系从空桑山开始，历史上曾有“蚩尤伐空桑”的说法，这一山系之中多有流沙，而现今的东方并无流沙，这大概是因为气候曾发生过剧烈变化所致。

第三座山系从尸胡山开始。这一山系的南边向东就可以看见扶桑树，其间的物产也多为亚热带作物，而且也有流沙在其间，这意味着我国东部偏南的地区曾经具有独特的气候和物产。

第四座山系比较短，只有一千七百多里，也从北海开始，南部的水系分别注入皋泽和馀如泽，这可以和当今华东地区多湖泊沼泽的地貌相印证。

东山之首，曰樕𧎥之山①，北临乾昧②。食水出焉，而东北流注于海。其中多鱅鱅之鱼③，其状如犁牛，其音如彘鸣。

【注释】

①樕𧎥（sùzhū）：山名。

②乾昧（gānmèi）：传说中的山名。

③鱅鱅（yōng）：与现在的鱅鱼不同，这里指古代传说中的一种怪鱼。

【译文】

东方第一列山系的第一座山叫樕𧎥山，这山的北边和乾昧山相邻。食水就从这山发源，之后向东北流注入大海。水里有很多鱅鱅鱼，样子像犁牛，叫声像猪的嘶叫声。

又南三百里，曰藟山①，其上有玉，其下有金。湖水出焉，东流注于食水，其中多活师②。

【注释】

①藟（lěi）山：山名。

②活师：即蝌蚪，是青蛙、蟾蜍一类两栖动物的幼体。

【译文】

再往南三百里，有座藟山，山上出产玉石，山下出产黄金。湖水就从这山发源，之后向东流注入食水，水里有很多蝌蚪。

又南三百里，曰枸状之山，其上多金玉，其下多青碧石。有兽焉，其状如犬，六足，其名曰从从，其鸣自詨①。有鸟焉，其状如鸡而鼠毛，其名曰蚩鼠②，见则其邑大旱。沢水出焉③，而北流注于湖水。其中多箴鱼④，其状如儵⑤，其喙如箴，食之无疫疾。

【注释】

①詨（xiào）：大声呼喊。

②蚩（zī）鼠：传说中的一种怪鸟。

③沢（zhǐ）水：古水名。

④箴（zhēn）鱼：鱼名。箴，通"针"，取其细长之意。

⑤儵（tiáo）："儵"即"鲦"字。儵鱼是一种细长的白色小鱼。

【译文】

再往南三百里，有座枸状山，山上蕴藏着丰富的金属和玉石，山下盛产青碧石。山里有种野兽，样子像狗，却长着六只脚，名字叫从从，它的叫声就是自己的名字。山里有种鸟，样子像鸡，长着老鼠的毛，它的名字叫蚩鼠，它出现的地方，就会发生大旱灾。沢水就从这山发源，之后向北流注入湖水。水里有很多箴鱼，这鱼的形状像儵鱼，嘴巴像根针，人吃了它不会感染瘟疫。

又南三百里，曰勃壵之山①，无草木，无水。

【注释】

①勃㸤（qí）：山名。㸤，"齐"的古字。

【译文】

再往南三百里，有座勃㸤山，山上没有草木，也没有水。

又南三百里，曰番条之山，无草木，多沙。减水出焉①，北流注于海，其中多鱓鱼②。

【注释】

①减（jiǎn）水：水名。减，同"减"字。

②鱓（gǎn）鱼：也叫竿鱼，古代称鳏鱼。身体长大，呈圆筒形，吻尖长，口大。生性凶猛，捕食各种鱼类。

【译文】

再往南三百里，有座番条山，这座山上没有花草树木，到处都是沙子。减水就从这山发源，之后向北流注入大海，水里有很多鱓鱼。

又南四百里，曰姑兒之山，其上多漆，其下多桑柘。姑兒之水出焉，北流注于海，其中多鱓鱼。

【译文】

再往南四百里，有座姑兒山，山上有很多漆树，山下有很多桑树和柘树。姑兒水就从这山发源，之后向北流注入大海，水里有很多鱓鱼。

又南四百里，曰高氏之山，其上多玉，其下多箴石①。诸绳之水出焉，东流注于泽，其中多金玉。

【注释】

①箴（zhēn）石：一种能够制做成石针用来针灸和实施外科小手术的石头。

【译文】

再往南四百里，有座高氏山，山上盛产玉石，山下盛产箴石。诸绳水就从这山发源，之后向东流注入湖泽，水里有很多金属和玉石。

又南三百里，曰岳山，其上多桑，其下多樗①。泺水出焉②，东流注于泽，其中多金玉。

【注释】

①樗（chū）：木名，即臭椿树。苦木科，落叶乔木。
②泺（luò）：古水名。源出今山东济南西南，北流入古济水。

【译文】

再往南三百里，有座岳山，山上有很多桑树，山下遍布着臭椿树。泺水就从这山发源，之后向东流注入湖泽，水里有很多金属和玉石。

又南三百里，曰犲山①，其上无草木，其下多水，其中多堪㺄之鱼②。有兽焉，其状如夸父而彘毛③，其音如呼，见则天下大水。

【注释】

①犲（chái）：同"豺"。俗名犲狗，一种类狼的犬科动物。性凶猛，常成群围攻牛、羊等牲畜。

②堪孖（xù）：传说中的怪鱼。

③夸父：传说中的兽名。

【译文】

再往南三百里，有座犲山，山上没有任何花草树木，山下到处都是流水，附近的水里盛产堪孖鱼。山里有种野兽，样子像夸父，浑身猪毛，叫声像人在呼喊，这野兽一出现，天下就会发生大水灾。

又南三百里，曰独山，其上多金玉，其下多美石。末涂之水出焉，而东南流注于沔①，其中多儵蠵②，其状如黄蛇，鱼翼，出入有光，见则其邑大旱。

【注释】

①沔（miǎn）：水名。此沔水非汉水之别称，当另是一水。

②儵蠵（tiáoyóng）：传说中的动物名。

【译文】

再往南三百里，有座独山，山上蕴藏着丰富的金属和玉石，山下有很多美丽的石头。末涂水就从这山发源，之后向东南流注入沔水，附近的水里有很多鳒蟵，这鱼的形状与黄蛇类似，长着鱼鳍，出入水中时有亮光，它们在哪出现，那里就会发生大旱灾。

　　又南三百里，曰泰山①，其上多玉，其下多金。有兽焉，其状如豚而有珠，名曰狪狪②，其鸣自讪。环水出焉，东流注于汶③，其中多水玉。

【注释】

①泰山：即东岳泰山。

②狪狪（tóng）：传说中的野兽名。

③汶（wèn）：今在山东境内。

【译文】

　　再往南三百里，有座泰山，山上盛产玉石，山下出产大量黄金。山里有种野兽，形状与猪相似，身体里有珠子，它的名字叫狪狪，它的叫声就是它的名字。环水就从这山发源，之后向东流注入汶水，水里盛产水晶。

　　又南三百里，曰竹山，錞于汶，无草木，多瑶碧。激水出焉，而东南流注于娶檀之水，其中多茈蠃①。

【注释】

①茈蠃（luó）：紫色的螺蛳。茈，通"紫"。蠃，同"螺"。

【译文】

再往南三百里，有座竹山，在汶水旁边，山上没有任何花草树木，遍布着瑶、碧一类的玉石。激水就从竹山发源，之后向东南流注入娶檀水，附近的水里有很多紫色的螺蛳。

凡东山之首，自樕𧕦之山以至于竹山①，凡十二山，三千六百里。其神状皆人身龙首。祠：毛用一犬祈，衈用鱼②。

【注释】

①樕𧕦（sùzhū）：山名。
②衈（èr）：指古代杀牲取血以供祭祀之用。

【译文】

东方第一列山系，从樕𧕦山起到竹山止，一共有十二座，长达三千六百里。这些山的山神都是人的身体龙的脑袋。祭祀这些山的礼仪如下：带毛的动物祭品用一只狗，祷告时要用鱼取血涂祭。

东次二山之首，曰空桑之山，北临食水，东望沮吴，南望沙陵，西望㴬泽①。有兽焉，其状如牛而虎文，其音如钦②，其名曰㺀㺀③，其鸣自叫，见则天下大水。

【注释】

①㴬（mǐn）泽：湖泊名。

②钦：通"吟"。

③轮轮（líng）：传说中的野兽名。

【译文】

东方第二列山系的第一座叫空桑山，这座山的北边毗邻食水，东边可以看见沮吴，南边可以远眺沙陵，西边可以望见湣泽。这山里有种野兽，样子像牛，身上长着老虎的斑纹，叫声像人在低吟，它的名字叫轮轮，它的叫声就是自身的名字。这野兽一出现，天下就会发生大水灾。

又南六百里，曰曹夕之山，其下多榖而无水①，多鸟兽。

【注释】

①榖：落叶乔木。皮可制桑皮纸。又称构或楮。

【译文】

再往南六百里，有座曹夕山，这座山的下边到处是构树，没有流水，有许多鸟兽。

又西南四百里，曰峄皋之山①，其上多金玉，其下多白垩。峄皋之水出焉，东流注于激女之水②，其中多蜃珧③。

【注释】

①峄皋（yìgāo）：山脉名。

②激女（rǔ）：水名。

③蜃珧（yáo）：蚌蛤之类。蜃是大蛤蜊，一种软体动
物。珧是体型较小的蚌。

【译文】

再往西南四百里，有座峄皋山，山上蕴藏着丰富的金
属和玉石，山下有丰富的白垩土。峄皋水就从这山发源，
之后向东流注入激女水，水里有很多大小蚌蛤。

又南水行五百里，流沙三百里，至于葛山之
尾，无草木，多砥砺。

【译文】

再往南穿过五百里水路，跋涉三百里流沙，就到了葛
山的末端，这里没有任何花草树木，遍布着粗细磨石。

又南三百八十里，曰葛山之首，无草木。澧水
出焉，东流注于余泽，其中多珠鳖鱼①，其状如肺
而四目，六足有珠，其味酸甘，食之无疠②。

【注释】

①鳖（biē）：同"鳖"。

②疠（lì）：恶疮，麻风。

【译文】

再往南三百八十里，是葛山的起点，这里没有花草
树木。澧水就从此处发源，之后向东流注入余泽，水里
有很多珠鳖鱼，这东西像动物肺，长着四只眼睛，有六

只脚，能生出珠子，它的肉酸中带甜，人吃了不会染上恶疮。

又南三百八十里，曰馀峨之山，其上多梓楠，其下多荆芑①。杂余之水出焉，东流注于黄水。有兽焉，其状如菟而鸟喙②，鸱目蛇尾，见人则眠③，名曰犰狳④，其鸣自讪⑤，见则螽蝗为败⑥。

【注释】

①芑：通"杞"，杞柳。

②菟：通"兔"。喙（huì）：鸟嘴。

③眠：这里指假死、装死。

④犰狳（qiúyú）：古代传说中的兽名。犰狳现产于南美等地，为哺乳动物，与文中之兽不同。

⑤讪（jiào）：大声叫喊。

⑥螽（zhōng）蝗：蝗虫。

【译文】

再往南三百八十里，有座馀峨山，山上遍布梓树和楠树，山下遍布牡荆树和枸杞树。杂余水就从这山发源，之后向东流注入黄水。山里有种野兽，长得像兔子，有只鸟嘴，长着鹰的眼睛和蛇的尾巴，它遇见人就躺在地上装死，它的名字叫犰狳，这野兽的叫声就是它的名字。它一出现，就会蝗虫成灾，危害庄稼。

又南三百里，曰杜父之山，无草木，多水。

【译文】

再往南三百里，有座杜父山，山上没有任何花草树木，到处都是流水。

又南三百里，曰耿山，无草木，多水碧①，多大蛇。有兽焉，其状如狐而鱼翼，其名曰朱獳②，其鸣自讠川，见则其国有恐。

【注释】

①水碧：玉的一种，系绿色水晶石。

②朱獳（rú）：传说中的怪兽。

【译文】

再往南三百里，有座耿山，山上没有草木，遍布着绿水晶，山里有很多大蛇。山中有种野兽，形状像狐狸，身上长鱼鳍，名字叫朱獳，它的叫声就是自己的名字，它在哪个国家出现，那个国家就会有恐怖的事情发生。

又南三百里，曰卢其之山，无草木，多沙石。沙水出焉，南流注于涔水①。其中多鸳鹕②，其状如鸳鸯而人足，其鸣自讠川，见则其国多土功。

【注释】

①涔（cén）水：水名。

②鸳鹕（líhú）：传说中的鸟名。

再往南三百里，有座卢其山，山上没有草木，遍布着沙石。沙水就从这山发源，之后向南流注入涔水。附近的水里有很多鸳鹕，这鸟的形状像鸳鸯，长着人的脚，它的叫声就是自己的名字。这鸟在哪个国家出现，那个国家就会有大兴土木的劳役。

又南三百八十里，曰姑射之山，无草木，多水。

【译文】

再往南三百八十里，有座姑射山，山上没有草木，四处都是流水。

又南水行三百里，流沙百里，曰北姑射之山，无草木，多石。

【译文】

再往南穿过三百里水路，之后再跋涉经过一百里流沙，就是北姑射山，这山上没有花草树木，到处是石头。

又南三百里，曰南姑射之山，无草木，多水。

【译文】

再往南三百里，有座南姑射山，山上没有草木，四处都是流水。

又南三百里，曰碧山，无草木，多大蛇，多碧、水玉。

【译文】

再往南三百里，有座碧山，山上没有草木，有许多大蛇。山里盛产碧玉和水晶。

又南五百里，曰缑氏之山①，无草木，多金玉。原水出焉，东流注于沙泽。

【注释】

①缑（gōu）氏：山名。今河南偃师有缑氏山，传说王子乔在此修道成仙。

【译文】

再往南五百里，有座缑氏山，山上草木不生，蕴藏着丰富的金属和玉石。原水就从这山发源，之后向东流注入沙泽。

又南三百里，曰姑逢之山，无草木，多金玉。有兽焉，其状如狐而有翼，其音如鸿雁，其名曰獙獙①，见则天下大旱。

【注释】

①獙獙（bì）：传说中的怪兽。

【译文】

再往南三百里，有座姑逢山，这座山上没有草木，蕴藏着丰富的金属和玉石。山里有种野兽，长得像狐狸，身上有翅膀，叫声如同大雁鸣叫，名字叫獙獙，它一出现天下就会发生大旱灾。

又南五百里，曰凫丽之山，其上多金玉，其下多箴石①。有兽焉，其状如狐，而九尾、九首、虎爪，名曰蠪蛭②，其音如婴儿，是食人。

【注释】

①箴（zhēn）石：石制的针。古代治病之具。亦指可用以制针的石头。

②蠪蛭（lóngzhì）：神话中的兽名。

【译文】

再往南五百里，有座凫丽山，山上蕴藏着丰富的金属和玉石，山下出产大量的箴石。山里有一种野兽，样子像狐狸，有九条尾巴、九个脑袋，爪子像老虎爪，它的名字叫蠪蛭，这野兽的叫声酷似婴儿的啼哭，吃人。

又南五百里，曰硬山①，南临硬水，东望湖泽。有兽焉，其状如马而羊目、四角、牛尾，其音如嗥狗，其名曰峳峳②，见则其国多狡客。有鸟焉，其状如凫而鼠尾③，善登木，其名曰絜钩④，见则其国多疫。

【注释】

①硬（zhēn）山：山名。

②狨狨（yóu）：传说中的兽名。

③凫：野鸭子。

④絜钩（xiégōu）：古代传说中的鸟名。

【译文】

再往南五百里，有座硬山，这山的南边挨着硬水，从这山上向东观望能看见湖泽。山里有种野兽，长得像马，眼睛像羊，有四只犄角，拖着一条牛尾巴，它的叫声和狗相似，名字叫狨狨，这野兽在哪个国家出现，那个国家里就会聚集一批狡辩的游士。山里还有种鸟，像野鸭子，拖着老鼠尾巴，擅长爬树，名字叫絜钩，它在哪个国家出现，那个国家就会频繁发生瘟疫。

凡东次二山之首，自空桑之山至于硬山，凡十七山，六千六百四十里。其神状皆兽身人面载觡①。其祠：毛用一鸡祈，婴用一璧瘗。

【注释】

①载：戴。觡（gé）：指麋鹿头上的角。

【译文】

东方第二列山系，从空桑山起到硬山，一共有十七座，行经六千六百四十里。这些山的山神都有野兽的身体和人的面孔，头上长着麋鹿的角。祭祀这些山的礼仪如下：带毛的动物祭品用一只鸡来祈祷，祭神的玉器用一块玉璧，埋入地下。

东次三山之首，曰尸胡之山，北望羊山^①，其上多金玉，其下多棘。有兽焉，其状如麋而鱼目，名曰妟胡^②，其鸣自讪。

【注释】
①羊（xiáng）山：山名。
②妟（wǎn）胡：兽名。

【译文】
东方第三列山系的第一座山叫尸胡山，从这座山向北可以看见羊山，尸胡山上蕴藏着丰富的金属和玉石，山下有很多酸枣树。山里有种野兽，长得像麋鹿，有鱼的眼睛，名字叫妟胡，它的叫声就是自己的名字。

又南水行八百里，曰岐山，其木多桃李，其兽多虎。

【译文】
再往南穿过八百里水路，有座岐山，岐山树木以桃树和李树为多，野兽则多是老虎。

又南水行五百里，曰诸钩之山，无草木，多沙石。是山也，广员百里，多寐鱼^①。

【注释】
①寐鱼：即鲱鱼。

【译文】

再往南走五百里水路，有座诸钩山，山上没有草木，遍布着沙石。这座山方圆有一百里，附近的水里有很多寐鱼。

又南水行七百里，曰中父之山，无草木，多沙。

【译文】

再往南走七百里水路，有座中父山，山上没有草木，遍布着沙子。

又东水行千里，曰胡射之山，无草木，多沙石。

【译文】

再往东走一千里水路，有座胡射山，山上没有草木，遍布着沙石。

又南水行七百里，曰孟子之山，其木多梓桐，多桃李。其草多菌蒲①，其兽多麋鹿。是山也，广员百里。其上有水出焉，名曰碧阳，其中多鳣鲔②。

【注释】

①菌：一种野菜。蒲：香蒲，一种野菜。

②鲔（wěi）：鲟鱼和鳇鱼的古称。

【译文】

再往南走七百里水路，有座孟子山，山里的树木以梓树和桐树为多，还生长着很多桃树和李树。山里的草类以菌、蒲居多，山里的野兽大多是麋、鹿。孟子山方圆有一百里。有条河从山上流出来，河的名字叫碧阳，河水中生长着大量的鳝鱼和鲔鱼。

又南水行五百里，流沙五百里，有山焉，曰跂踵之山，广员二百里，无草木，有大蛇，其上多玉。有水焉，广员四十里，皆涌，其名曰深泽，其中多蠵龟^①。有鱼焉，其状如鲤，而六足鸟尾，名曰鲐鲐之鱼^②，其鸣自讠丩。

【译文】
再往南走五百里水路，经过五百里流沙，有座山叫跂踵山，这山方圆有二百里，山上没有草木，有大蛇，山里盛产玉石。还有一方水潭，方圆四十里，整个水面都像在沸腾，这潭的名字叫深泽，潭里有很多蠵龟。还有一种鱼，形状像鲤鱼，有六只脚，尾巴像鸟的尾巴，名字叫鲐鲐鱼，这鱼的叫声就是它自己的名字。

又南水行九百里，曰踇隅之山^①，其上多草木，多金玉，多赭^②。有兽焉，其状如牛而马尾，名曰精精，其鸣自叫。

【注释】

①晦隅（mǔyǔ）：古代传说中的山名。

②赭（zhě）：赭石。由氧化铁或含氧化铁、氧化锰等矿物的黏土构成，一般呈红褐色，也有土黄色或红色的。可作颜料。

【译文】

再往南走九百里水路，有座晦隅山，山上遍布着花草树木，蕴藏着丰富的金属和玉石，以及赭石。山里有种野兽，样子像牛，拖着马一样的尾巴，名字叫精精，这野兽的叫声就是它的名字。

又南水行五百里，流沙三百里，至于无皋之山，南望幼海，东望榑木①，无草木，多风。是山也，广员百里。

【注释】

①榑（fú）木：即扶桑，传说中的神木。

【译文】

再往南走五百里水路，再跋涉经过三百里流沙，就到了无皋山。这座山上向南可以看见幼海，向东望则可以看见扶桑树，这山上不生长草木，而且风很大。无皋山方圆百里。

凡东次三山之首，自尸胡之山至于无皋之山，凡九山，六千九百里。其神状皆人身而羊角。其祠：

用一牡羊，糈用黍。是神也，见则风雨水为败。

【译文】

东方第三列山系，从尸胡山起到无皋山，一共有九座，行经六千九百里。这些山的山神都有人的身体，头上长着羊角。祭祀群山的礼仪如下：祭物用一只公羊，祭祀时的精米用黍。这些山的山神出现的时候，都会伴随着大风大雨，往往会暴发洪水损坏庄稼。

东次四山之首，曰北号之山，临于北海。有木焉，其状如杨，赤华，其实如枣而无核，其味酸甘，食之不疟。食水出焉，而东北流注于海。有兽焉，其状如狼，赤首鼠目，其音如豚，名曰獦狚^①，是食人。有鸟焉，其状如鸡而白首，鼠足而虎爪，其名曰鬿雀^②，亦食人。

【注释】

①獦狚（gédàn）：古代传说中的野兽。
②鬿（qí）雀：古代传说中的怪鸟，吃人。

【译文】

东方第四列山系的第一座山叫做北号山，这座山坐落在北海边上。山上有种树，长得像普通的杨树，开红色的花，果实有点像枣，但是没有核，味道酸中带甜，吃了它就不得疟疾。食水从这山发源，之后向东北流注入大海。山里有种野兽，长得像狼，有红色的脑袋，眼睛像老鼠，叫声像小猪，名字叫獝狙，吃人。山里有种鸟，样子像鸡，长着白色的脑袋，老鼠的脚，爪子像虎爪，名字叫虒雀，这鸟也吃人。

又南三百里，曰旄山，无草木。苍体之水出焉，而西流注于展水。其中多鱃鱼①，其状如鲤而大首，食者不疣②。

【注释】

①鱃（qiū）鱼：鱼名。鱃，即"鳅"，俗称泥鳅。

②疣：一种皮肤上的病，症状为皮肤上长肉瘤。

【译文】

再往南三百里，有座旄山，山上没有草木。苍体水就从这山发源，之后向西流注入展水。附近的水里生长着很多鱃鱼，这鱼的形状像鲤鱼，头很大，人吃了它不长瘊子。

又南三百二十里，曰东始之山，上多苍玉。有木焉，其状如杨而赤理，其汁如血，不实，其名曰芑①，可以服马。泚水出焉，而东北流注于海，其中多美贝，多茈鱼，其状如鲋②，一首而十身，其臭如蘪芜③，食之不糟④。

【注释】

①芑（qǐ）：通"杞"，杞柳。

②鲋（fù）：鲫鱼。

③臭（xiù）：气味。

④糩（pì）：即屁，中医指元气下泄的疾病。

【译文】

再往南三百二十里，有座东始山，山里青玉产量很大。山里有种树，形状像杨树，有红色的纹理，树干的汁液颜色就像血液一样，这树不结果实，名字叫芑，把这树的汁液涂在马身上，马就会变得驯服。泚水从这山发源，之后向东北流注入大海，水里有很多美丽的贝壳，还有大量茈鱼，这鱼的形状像鲫鱼，有一个脑袋十个身体，它的气味与蘼芜差不多，人吃了它就会少放屁。

又东南三百里，曰女烝之山①，其上无草木。石膏水出焉，而西注于鬲水②，其中多薄鱼，其状如鳣鱼而一目，其音如欧③，见则天下大旱。

【注释】

①女烝（zhēng）：山名。

②鬲（gé）水：古水名。

③欧：同"呕"，呕吐。

【译文】

再往东南三百里，有座女烝山，山上没有草木。石膏水就从这山发源，之后向西流注入鬲水。水里有大量薄鱼，这鱼的形状像鳣鱼，只有一只眼睛，它的叫声就像人在呕吐。薄鱼一出现，天下就会发生大旱灾。

又东南二百里，曰钦山，多金玉而无石。师水出焉，而北流注于皋泽，其中多鳡鱼，多文贝。有兽焉，其状如豚而有牙^①，其名曰当康，其鸣自叫，见则天下大穰^②。

【注释】

①牙：这里指露出唇外的獠牙锯齿。

②穰（ráng）：庄稼丰收。

【译文】

再往东南二百里，有座钦山，这座山里蕴藏着丰富的金属和玉石，没有石头。师水就从这山发源，之后向北流注入皋泽。水里有很多鳡鱼和五彩斑斓的贝壳。山里有种野兽，像小猪，长着呲出来的长獠牙，它的名字叫当康，它的叫声就是自己的名字。当康一出现，天下就会获得好收成。

又东南二百里，曰子桐之山，子桐之水出焉，而西流注于馀如之泽。其中多鲭鱼^①，其状如鱼而鸟翼，出入有光，其音如鸳鸯，见则天下大旱。

【注释】

①鲭（huá）鱼：传说中的鱼名。

【译文】

再往东南二百里，有座子桐山，子桐水从这山发源，之后向西流注入馀如泽。附近的水里生长着很多鲭鱼，这鱼看起来和一般的鱼差不多，长着鸟的翅膀，出入水里时

都会伴随着亮光。鳙鱼的叫声像鸳鸯，它一出现，天下就
会发生大旱灾。

又东北二百里，曰剡山^①，多金玉。有兽焉，其
状如彘而人面，黄身而赤尾，其名曰合窳^②，其音如
婴儿。是兽也，食人，亦食虫蛇，见则天下大水。

【注释】

①剡（shàn）山：山名。剡，古县名，在今浙江嵊州
    西南。
②合窳（yǔ）：神话中的兽名。

【译文】

再往东北二百里，有座剡山，山里蕴藏着丰富的金属
和玉石。山中有种野兽，长得像猪，有一张人的面孔，身
体是黄色的，尾巴是红色的，它的名字叫合窳，它的叫声
像婴儿啼哭。这种野兽以人和虫蛇为食。它一出现，天下
就会发生大水灾。

又东二百里，曰太山，上多金玉、桢木^①。有
兽焉，其状如牛而白首，一目而蛇尾，其名曰蜚，
行水则竭，行草则死，见则天下大疫。钩水出焉，
而北流注于劳水，其中多鳝鱼。

【注释】

①桢木：即女桢，一种灌木，冬天叶青翠不凋，其子

可以入药。

【译文】

再往东二百里，有座太山，山上蕴藏着丰富的金属和玉石，还有大量女桢树。山里有种野兽，样子像牛，脑袋是白色的，只有一只眼睛，尾巴和蛇的一样，它的名字叫蜚，凡是这野兽路过的地方，水会干涸，草木会枯死，它一出现，天下就会发生严重的瘟疫。钩水从这山发源，之后向北流注入劳水，水里有很多鳝鱼。

凡东次四山之首，自北号之山至于太山，凡八山，一千七百二十里。

【译文】

东方第四列山系，从北号山起到太山，一共有八座，行经一千七百二十里。

右东经之山，凡四十六山，万八千八百六十里。

【译文】

以上就是东方所有山脉的记录，总共有四十六座山，行经一万八千八百六十里。

卷五

中山经

《中山经》在《山海经》诸经中篇幅最为浩繁，它记录了中土本部的十二列山系，记载的顺序是每座山系由西至东，下一山系由东向西接续。十二列山系由北至南。共记载一百九十七座山，总长度达到两万一千三百七十一里。

《中山经》记载了很多名山，如少室山和太室山，就是现在的嵩山。还有荆山，就是卞和发现和氏璧的地方。在《中山经》和《东山经》中多次出现"岐山"，但大多不是指周人的故地陕西岐山，这一点应当注意。

值得重视的是各列山系的山神特征以及祭祀诸山的礼仪。山神有鸟首、龙首、猪首等等，不一而足。这可能是远古氏族部落活动区域的一种遗留，从中可以对远古各文明的活动区域作一番推测。

此外，《中山经》记载了很多动物和植物的药用价值，这一方面体现了中医作为历史悠久的医学体系发源甚早，也表明古人的药学水平因为活动地域的扩大而得到提高。

中山薄山之首，曰甘枣之山，共水出焉①，而西流注于河。其上多枏木。其下有草焉，葵本而杏叶，黄华而荚实，名曰箨②，可以已蕾③。有兽焉，其状如䶄鼠而文题④，其名曰㵎⑤，食之已瘿⑥。

【注释】

①共（gōng）水：古水名。

②箨（tuò）：草名。

③蕾（méng）：指眼睛看不清楚一类的病症。

④䶄（huǐ）鼠：鼠名，具体指何种动物不详。题：额。

⑤㵎（nuó）：兽名。

⑥瘿（yǐng）：囊状肿瘤。多生于颈部，包括甲状腺肿大等。

【译文】

中央第一列山系是薄山山系，山系的第一座叫甘枣山，共水就从这山发源，之后向西流注入黄河。山上有很多枏树。山下有种草，这草的根和葵菜的一样，叶子和杏树的一样，开黄色的花，结带荚的果，名字叫箨，吃了它可以治疗眼花。山里有一种野兽，像䶄鼠，额头上有花纹，名字叫㵎，人吃它能治好脖子上长的赘瘤。

又东二十里，曰历兒之山，其上多櫔，多栝木①，是木也，方茎而员叶，黄华而毛，其实如楝②，服之不忘。

①枥（lì）木：树名。

②楝（liàn）：也叫苦楝，落叶乔木。木材坚实，可制器具。其根皮、树皮、果实都可以入药，所以下文认为服食可以治疗健忘。

【译文】

再往东二十里，有座历儿山，山上有大量橿树和枥树，这种树枝干是方形的，叶子是圆的，开黄色的花，花瓣上有绒毛，果实像楝树的果实，人吃了果子可以增强记忆力。

又东十五里，曰渠猪之山，其上多竹。渠猪之水出焉，而南流注于河。其中是多豪鱼，状如鲔①，而赤喙赤尾赤羽，可以已白癣。

【注释】

①鲔（wěi）：鲟鱼和鳇鱼的古名。

【译文】

再往东十五里，有座渠猪山，山上有很多竹子。渠猪水从这座山发源，之后向南流注入黄河。渠猪水里有大量豪鱼，这鱼的形状像鲔鱼，长着红嘴巴红尾巴红羽毛，人吃了它能治愈白癣病。

又东三十五里，曰葱聋之山，其中多大谷，是多白垩，黑、青、黄垩。

【译文】

再往东三十五里，有座葱聋山，山上有很多大峡谷，这里有储量丰富的白垩土、黑垩土、青垩土和黄垩土。

又东十五里，曰湁山^①，其上多赤铜，其阴多铁。

【注释】

①湁（wō）山：山名。

【译文】

再往东十五里，有座湁山，山上盛产赤铜，山的北面盛产铁。

又东七十里，曰脱扈之山，有草焉，其状如葵叶而赤华，荚实，实如棕荚，名曰植楮^①，可以已瘑^②，食之不眯^③。

【注释】

①植楮（chǔ）：传说中的草名。

②瘑（shǔ）：即瘘管，人或动物由于外伤、脓肿引起的疾病。

③眯：即梦魇，做噩梦。

【译文】

再往东七十里，有座脱扈山，山里有种草，形状像葵菜的叶子，开红花，结带荚的果实，果实的荚和棕树的荚差不多，这种草的名字叫植楮，可以治愈瘘管病，服食它能使人远离梦魇。

又东二十里，曰金星之山，多天婴①，其状如龙骨，可以已痤②。

【注释】
①天婴：植物名，可入药。
②痤（cuó）：痤疮。
【译文】
再往东二十里，有座金星山，山里遍布天婴，这植物的形状和龙骨相似，可以用来医治痤疮。

又东七十里，曰泰威之山，其中有谷，曰枭谷，其中多铁。

【译文】
再往东七十里，有座泰威山，山里有一道峡谷，名字叫枭谷，峡谷里盛产铁。

又东十五里，曰橿谷之山，其中多赤铜。

【译文】
再往东十五里，有座橿谷山，山里赤铜储量丰富。

又东百二十里，曰吴林之山，其中多葌草①。

【注释】

①菅（jiān）草：茅草。菅，通"菅"。一说，同"菅"，即兰草。

【译文】

再往东一百二十里，有座吴林山，山里生长着很多兰草。

又北三十里，曰牛首之山，有草焉，名曰鬼草，其叶如葵而赤茎，其秀如禾①，服之不忧。劳水出焉，而西流注于滽水②。是多飞鱼，其状如鲋鱼③，食之已痔衕④。

【注释】

①秀：谷类植物的花朵。

②滽（jué）水：水名。今山西临汾有滽水，又名三交水。

③鲋（fù）鱼：鲫鱼。

④痔衕（dòng）：即痔漏，俗称痔疮。

【译文】

再往北三十里，有座牛首山，山中长着一种草，名字叫鬼草，这草的叶子像葵菜，有红色的茎干，它的花像禾苗吐出来的穗，人佩戴它无忧无虑。劳水从牛首山发源，之后向西流注入滽水。水里有很多能飞的鱼，这种鱼的形状就像鲫鱼一般，吃了它的肉就能治愈肛瘘一类的病。

又北四十里，曰霍山，其木多榖①。有兽焉，其状如狸，而白尾有鬣②，名曰朏朏③，养之可以已忧。

①榖（gǔ）：构树，一种落叶乔木，绿花红果，树皮可以用来造纸。

②鬣（liè）：动物长在脖子上的长毛。

③胐胐（fěi）：一种怪兽名。

【译文】

再往北四十里，有座霍山，山上到处是构树。山里有种野兽，形状就像野猫，有着白色的尾巴，脖子上长着鬣毛，名字叫胐胐，人饲养它可以消除忧愁。

又北五十二里，曰合谷之山，是多蔷棘①。

【注释】

①蔷（zhān）棘：植物名。

【译文】

再往北五十二里，有座合谷山，山上到处是蔷棘。

又北三十五里，曰阴山，多砺石、文石。少水出焉，其中多雕棠，其叶如榆叶而方，其实如赤菽①，食之已聋。

【注释】

①赤菽（shū）：红色的小豆。

【译文】

再往北三十五里，有座阴山，这山里盛产磨刀石和色彩斑斓的石头。少水就从阴山发源。山里有很多雕棠树，这树的叶子像榆树叶，是四方形的，结出的果子像红豆，吃了它就能治愈耳聋。

又东北四百里，曰鼓镫之山，多赤铜。有草焉，名曰荣草，其叶如柳，其本如鸡卵，食之已风。

【译文】

再往东四百里，有座鼓镫山，山上有丰富的赤铜。山里有种草，名字叫荣草，这草的叶子和柳树的叶子相似，根茎像鸡蛋似的，吃了它能治愈风痹病。

凡薄山之首，自甘枣之山至于鼓镫之山，凡十五山，六千六百七十里。历儿，冢也。其祠礼：毛，太牢之具；县婴以吉玉①。其余十三山者，毛用一羊，县婴用藻珪，瘞而不糈②。藻珪者，藻玉也，方其下而锐其上，而中穿之加金。

【注释】

①婴：围绕，环绕。一说婴为以玉祭神的专称。

②瘞（yì）而不糈（xǔ）：瘞，掩埋。糈，精米，古代用来祭神。

【译文】

薄山山系，从甘枣山起到鼓镫山，一共有十五座，行经六千六百七十里。历儿山是诸山的宗主，祭祀该山山神的礼仪如下：带毛的动物祭品，用猪、牛、羊三牲作祭品；还要把吉玉悬挂用以祭祀。祭祀其余十三座山的山神，带毛的动物祭品用一只羊，还要把藻珪悬挂起来用以祭祀，祭祀完之后把藻珪埋入地下，祭神时不用精米。所谓的藻珪，就是藻玉，下端是长方形，上端有尖角，中间有穿孔并嵌入金属做装饰。

中次二山济山之首，曰辉诸之山，其上多桑，其兽多闾麋^①，其鸟多鶡^②。

【注释】

①闾（lú）：古代兽名，一种形状像驴长着羚羊角的动物。
②鶡（hé）：鸟名，即鶡鸡。形体比野鸡稍大，羽毛黄黑色，头有毛角，天性好斗，至死不却。

【译文】

中央第二列山系是济山山系，它的第一座山叫辉诸山，山上有大量桑树，山里的野兽大多是山驴和麋鹿，禽鸟则以鶡鸟为主。

又西南二百里，曰发视之山，其上多金玉，其下多砥砺。即鱼之水出焉，而西流注于伊水。

【译文】

再往西南二百里，有座发视山，山里蕴藏着丰富的金属和玉石，山下则出产大量磨刀石。即鱼水从这座山发源，之后向西流注入伊水。

又西三百里，曰豪山，其上多金玉而无草木。

【译文】

再往西三百里，有座豪山，山里蕴藏着丰富的金属和玉石，但是没有任何草木。

又西三百里，曰鲜山，多金玉，无草木。鲜水出焉，而北流注于伊水。其中多鸣蛇，其状如蛇而四翼，其音如磬①，见则其邑大旱②。

【注释】

①磬（qìng）：古代一种石制的打击乐器。
②见：同"现"，出现。

【译文】

再往西三百里，有座鲜山，山里蕴藏着丰富的金属和玉石，但是没有任何草木。鲜水就从这山发源，之后向北流注入伊水。水中有很多鸣蛇，这蛇的形状和一般的蛇差不多，长有四只翅膀，叫声如同敲磬发出的声音，这种蛇出现的地方，就会有旱灾发生。

又西三百里，曰阳山，多石，无草木。阳水出焉，而北流注于伊水。其中多化蛇，其状如人面而豺身，鸟翼而蛇行①，其音如叱呼，见则其邑大水。

①蛇行：像蛇一样蜿蜒前行。

【译文】

再往西三百里，有座阳山，山上到处是石头，却没有草木。阳水就从这座山发源，之后向北流注入伊水。水中有很多化蛇，这蛇长着人的面孔和豺身子，禽鸟的翅膀，像蛇一样蜿蜒爬行，发出的声音如同人的叱骂声，这蛇出现在哪个地方，那里就会发大水。

又西二百里，曰昆吾之山，其上多赤铜。有兽焉，其状如彘而有角，其音如号，名曰蚕蛭①，食之不眯②。

【注释】

①蚕蛭（lóngzhì）：神话中的兽名。

②眯：梦魇。

【译文】

再往西二百里，有座昆吾山，山里有丰富的赤铜。山里有种野兽，形状和猪差不多，长着角，发出的声音就像人在号啕大哭，这野兽的名字叫蚕蛭，人吃了它就不会做噩梦。

又西百二十里，曰葌山，葌水出焉，而北流注于伊水，其上多金玉，其下多青、雄黄。有木焉，其状如棠而赤叶，名曰芒草①，可以毒鱼。

【注释】

①芒（màng）草：也叫莽草，形状像石楠而叶稀，有
　毒。产于我国中部、南部和西南部。

【译文】

　　再往西一百二十里，有座蔉山，蔉水就从这座山发源，
之后向北流注入伊水。山里蕴藏着丰富的金属和玉石，山
下有大量石青、雄黄。山里有种植物，形状像棠梨树，叶
子是红色的，它叫芒草，可以毒死鱼。

　　又西一百五十里，曰独苏之山，无草木而多水。

【译文】

　　再往西一百五十里，有座独苏山，这山上没有草木，
有很多水系。

　　又西二百里，曰蔓渠之山，其上多金玉，其下
多竹箭。伊水出焉，而东流注于洛。有兽焉，其名
曰马腹，其状如人而虎身，其音如婴儿，是食人。

【译文】

　　再往西二百里，有座蔓渠山，山里蕴藏着丰富的金属
和玉石，山下生长着很多低矮的竹丛。伊水从这山发源，
之后向东流注入洛水。山里有一种野兽，名字叫马腹，这
野兽长着人的面孔和虎的身子，发出的声音酷似婴儿啼哭，
吃人。

凡济山之首，自炜诸之山至于蔓渠之山，凡九山，一千六百七十里。其神皆人面而鸟身。祠用毛，用一吉玉，投而不糈。

【译文】

济山山系，从炜诸山起到蔓渠山，一共有九座山，行经一千六百七十里。诸山山神都长着人的面孔鸟的身子。祭祀山神的礼仪如下：用带毛的动物祭品，还要献一块吉玉，把祭品都扔到山谷里，祭祀时不用精米。

中次三山萯山之首①，曰敖岸之山，其阳多㻬珸之玉②，其阴多赭、黄金③。神熏池居之。是常出美玉。北望河林，其状如茜如举④。有兽焉，其状如白鹿而四角，名曰夫诸，见则其邑大水。

【注释】

①萯（bèi）山：山名。

②㻬珸（tūfú）之玉：一种美玉。

③赭（zhě）：一种红色矿石，可以用作染料。

④茜（qiàn）：就是茜草，一种多年生草本植物，根是黄红色，可用作染料，也可入药。举：就是榉柳，一种落叶乔木，叶小呈椭圆形，有毒。

【译文】

中央第三列山系叫萯山山系，它的第一座叫敖岸山，这山的南面有大量㻬珸玉，北面有丰富的赭石、黄金。一个叫熏池的神住在这里。在这座山中常常会发现美玉。从这山上向北望，可以看到黄河和大片丛林，它们的形状就像茜草和桦柳。山里有种野兽，形状像白鹿，长着四只角，名字叫夫诸，这野兽在哪里出现，那里就会发大水。

又东十里，曰青要之山，实惟帝之密都。是多驾鸟①。南望墠渚②，禹父之所化。是多仆累、蒲卢③。魁武罗司之④，其状人面而豹文，小要而白齿⑤，而穿耳以镰⑥，其鸣如鸣玉。是山也，宜女子。畛水出焉⑦，而北流注于河。其中有鸟焉，名曰鹪⑧，其状如凫，青身而朱目赤尾，食之宜子。有草焉，其状如葌，而方茎、黄华、赤实，其本如藁本⑨，名曰荀草，服之美人色。

【注释】

①驾（jiā）鸟：一种鸟名。驾，或作"鴐"。

②墠（tán）渚：地名。渚，水中的小块陆地。

③仆累：蜗牛，软体动物。蒲卢：一种具有圆形贝壳的软体动物，蛤蚌一类。

④魁（shén）：鬼中的神灵。

⑤要："腰"的古字。

⑥镰（qú）：金银制成的耳环。

⑦畛（zhěn）水：水名。

⑧鹪（yǎo）：鸟名。

⑨藁（gǎo）本：一种香草，可以入药。

再往东十里有座青要山，那里是天帝的密都。有很多野鹅。从青要山向南看，则可以望见墠渚，墠渚是大禹的父亲鲧化为黄熊的地方，这里有很多蜗牛、蒲卢。山神武罗掌管着青要山，这个神有着人的面孔，身上长着豹的斑纹，有细小的腰身和洁白的牙齿，耳朵上挂着金银环，她说话的声音就像玉石彼此撞击的声音。青要山适宜女子居住。畛水就从这里发源，之后北流注入黄河。山里有种鸟，名字叫鸐，形状像野鸭，身体是青色的，长着浅红的眼睛和深红的尾巴，吃它人可以多生孩子。山里生长着一种草，形状像兰草，茎干是四方形的，开黄色的花朵，结红色的果实，根像藁本的根，它的名字叫荀草，吃了它能让人的气色变好。

又东十里，曰騩山①，其上有美枣，其阴有㻬琈之玉。正回之水出焉，而北流注于河。其中多飞鱼，其状如豚而赤文，服之不畏雷，可以御兵。

【注释】

①騩（wēi）山：山名。

【译文】

再往东十里，有座騩山，山里盛产甜美的枣子，山的北面出产㻬琈玉。正回水就从这座山发源，之后向北流注入黄河。正回水中生长着许多飞鱼，这鱼的形状像小猪，身上长着红色斑纹，人吃了它就不会怕打雷，还可以躲开兵器的伤害。

又东四十里，曰宜苏之山，其上多金玉，其下多蔓居之木①。潇潇之水出焉②，而北流注于河，是多黄贝。

【注释】

①蔓居：即蔓荆，一种草本植物。

②潇潇（yōng）：水名。今河南嵩山西有潇水。

【译文】

再往东四十里，有座宜苏山，山上蕴藏着丰富的金属和玉石，山下遍布着蔓荆。潇潇水就从这座山流出，然后向北流注入黄河，水里有很多黄色的贝壳。

又东二十里，曰和山，其上无草木而多瑶碧，实惟河之九都①。是山也五曲，九水出焉，合而北流注于河，其中多苍玉。吉神泰逢司之，其状如人而虎尾，是好居于贫山之阳，出入有光。泰逢神动天地气也。

【注释】

①河之九都：九条河汇聚之地。都，当作"潴"，水流汇聚的地方。

【译文】

再往东二十里，有座和山，山上没有任何草木，出产大量瑶、碧一类的美玉。这里是黄河中的九条水源汇聚的地方。这座山有五层盘旋回转，有九条水系从这里发源，之后汇合起来向北流注入黄河，水里出产大量青玉。吉神泰逢主管这座山，他的样子像人，长着老虎的尾巴，喜欢住在菟山南面向阳的地方，出入时都有亮光。泰逢神能兴云吐雾。

凡菟山之首，自敖岸之山至于和山，凡五山，四百四十里。其祠：泰逢、熏池、武罗皆一牡羊副①，婴用吉玉。其二神用一雄鸡瘗之。糈用稌②。

【注释】

①副（pī）：剖开。

②糈（xǔ）：祭祀用的精米。稌（tú）：稻米。

【译文】

菟山山系，自敖岸山起到和山止，一共五座，途经四百四十里。祭祀诸山山神的礼仪是：泰逢、熏池、武罗三位神都是把一只公羊劈开来祭祀，祭神的玉器要用吉玉。其余二位山神是用一只公鸡献祭后埋入地下。祀神的精米用稻米。

中次四山釐山之首，曰鹿蹄之山，其上多玉，其下多金。甘水出焉，而北流注于洛，其中多泠石①。

【注释】

①泠（gàn）石：一种矿石，性柔软。

【译文】

中央第四列山系是釐山山系，它的第一座山叫鹿蹄山，山上盛产玉，山下盛产黄金。甘水就从这座山发源，之后向北流注入洛水，水里有大量泠石。

西五十里，曰扶猪之山，其上多礝石①。有兽焉，其状如貉而人目②，其名曰麠③。虢水出焉，而北流注于洛，其中多瓀石④。

【注释】

①礝（ruǎn）：也写为"碝"、"瓀"。礝石是比玉石差一个等次的美石。

②貉（hé）：外形像狐狸，昼伏夜出。北方通称貉子，皮毛较名贵。

③麠（yín）：传说中的兽名，有人认为是麈。

④瓀（ruǎn）石：就是上文说的礝石。

【译文】

往西五十里，有座扶猪山，山里出产大量礝石。山里有种野兽，身体的形状像貉，长着人的眼睛，名字叫做麠。虢水就从这山发源，之后向北流注入洛水，水中有大量礝石。

又西一百二十里，曰釐山，其阳多玉，其阴多蒐①。有兽焉，其状如牛，苍身，其音如婴儿，是食人，其名曰犀渠。滽滽之水出焉，而南流注于伊

水。有兽焉，名曰獭②，其状如獳犬而有鳞③，其毛
如彘鬣。

【注释】

①蒐（sōu）：草名，茜草。它的根紫红色可用作染
料，也可入药。

②獭（jié）：即獭，一种哺乳动物，常栖息在水边，
善游泳，皮毛可制衣物。

③獳（nòu）犬：被激怒的狗。

【译文】

再往西一百二十里，有座鳌山，山的南面盛产玉石，
山的北面遍布茜草。山里有种野兽，形状像牛，全身都是
青黑色，发出的叫声就像婴儿的啼哭，这野兽吃人，它的
名字叫犀渠。滽滽水就从这山发源，之后向南流注入伊水。
鳌山还有一种野兽，名字叫獭，它的形状像獳犬，全身有
鳞甲，它的毛像猪鬣一样。

又西二百里，曰箕尾之山，多榖，多涂石，其
上多琈珸之玉①。

【注释】

①琈珸（tūfú）之玉：一种美玉。

【译文】

再往西二百里，有座箕尾山，山上有大量构树，山里
盛产涂石，还有很多琈珸玉。

又西二百五十里，曰柄山，其上多玉，其下多铜。滔雕之水出焉，而北流注于洛。其中多羬羊^①。有木焉，其状如樗^②，其叶如桐而荚实，其名曰茇^③，可以毒鱼。

【注释】

①羬（qián）羊：古代传说中的兽名。

②樗（chū）：木名，即臭椿树。

③茇（bá）：古树名。

【译文】

再往西二百五十里，有座柄山，山里盛产玉石，山下出产大量的铜。滔雕水就发源于此山，之后向北流注入洛水。山里面有很多羬羊。山里有种树，形状像臭椿树，叶子像梧桐树的叶子，结出来的果实带着荚，这树的名字叫茇，能毒死鱼。

又西二百里，曰白边之山，其上多金玉，其下多青、雄黄。

【译文】

再往西二百里，有座白边山，山里蕴藏着丰富的金属和玉石，山下盛产石青、雄黄。

又西二百里，曰熊耳之山^①，其上多漆，其下多棕。浮濠之水出焉，而西流注于洛，其中多水玉，多人鱼。有草焉，其状如苏而赤华②，名曰葶苎③，可以毒鱼。

【注释】

①熊耳：山名，在今河南卢氏南。

②苏：苏草。

③葶苎（tíngnìng）：一种毒草名。

【译文】

再往西二百里，有座熊耳山，山里有大片漆树，山下有大量棕树。浮濠水就发源于此山，之后向西流注入洛水，水中有大量水晶石、人鱼。山里有种草，这草的形状像苏草，开红色的花，它的名字叫葶苎，能毒死鱼。

又西三百里，曰牡山，其上多文石，其下多竹箭、竹篃。其兽多牦牛、羬羊，鸟多赤鷩①。

【注释】

①赤鷩（bì）：山鸡的一种，有美丽多彩的羽毛。

【译文】

再往西三百里，有座牡山，山里到处都是色彩斑斓的漂亮石头，山下长了一簇簇低矮的竹子以及竹篃。山里的野兽以牦牛、羬羊为多，鸟以赤鷩鸟为多。

又西三百五十里，曰讙举之山，雒水出焉①，而东北流注于玄扈之水，其中多马肠之物②。此二山者，洛间也。

【注释】

①雒（luò）水：水名，发源于陕西商洛之冢岭山。

②马肠：兽名。

【译文】

再往西三百五十里，有座谨举山，雒水就从这座山发源，之后向东北流注入玄扈水。玄扈山里有很多类似于马肠的怪物。在谨举山与玄扈山之间，有一条洛水。

凡釐山之首，自鹿蹄之山至于玄扈之山，凡九山，千六百七十里。其神状皆人面兽身。其祠之：毛用一白鸡，祈而不糈；以采衣之①。

【注释】

①衣（yì）：用作动词，包裹，覆盖。

【译文】

釐山山系，从鹿蹄山起到玄扈山止，一共九座山，行经一千六百七十里。诸山山神长着人的面孔和野兽的身体。祭祀山神的礼仪如下：带毛的动物祭品用一只白鸡，祭祀不用精米，用彩色的帛把那只鸡包起来。

中次五山薄山之首，曰苟林之山，无草木，多怪石。

【译文】

中央第五列山系叫薄山山系，它的第一座山叫苟林山，这山上不长草木，山上有很多奇形怪状的石头。

东三百里，曰首山，其阴多榖柞，其草多茱芫①，其阳多㻬琈之玉，木多槐。其阴有谷，曰机谷，多䲦鸟②，其状如枭而三目，有耳，其音如録③，食之已垫④。

【注释】

①茱（zhú）：即山蓟，是一种药材，分为苍术和白术。

②䲦（dài）：鸟名。

③録：是“鹿”的假借。

④垫：中医指一种因居住在低下潮湿的地方引发的疾病。

【译文】

往东三百里，有座首山，山的北面有大片的构树和柞树，山上的草以茱草、芫华为多。山的南面盛产㻬琈玉，这山里的树木以槐树为多。首山的北边有一个峡谷，名字叫机谷，峡谷里有许多䲦鸟，这鸟的形状像猫头鹰，长着三只眼睛，有耳朵，叫声和鹿鸣差不多，吃了它可以治疗湿气病。

又东三百里，曰县斸之山①，无草木，多文石。

【注释】

①县斸（zhú）：山名。

【译文】

再往东三百里，有座县原山，山上没有草木，遍布着色彩斑斓的石头。

又东三百里，曰葱聋之山，无草木，多㻬石①。

【注释】

①㻬（bàng）石：也就是珤石，是品质仅次于玉石一等的石头。

【译文】

再往东三百里，有座葱聋山，这山上没有草木，遍布着㻬石。

东北五百里，曰条谷之山，其木多槐桐，其草多芍药、虋冬①。

【注释】

①虋（mén）冬：就是门冬，分为两种，一种是麦门冬，一种是天门冬。

【译文】

往东北五百里，有座条谷山，山里的树木以槐树和桐树为多，草大多是芍药、虋冬。

又北十里，曰超山，其阴多苍玉，其阳有井，冬有水而夏竭。

再往北十里，有座超山，超山的北面盛产青玉，山的南面有一眼泉水，这泉水冬天有水，而在夏天就干枯了。

又东五百里，曰成侯之山，其上多櫄木①，其草多茈②。

【注释】

①櫄（chūn）木：即椿树。

②茈（jiāo）：即秦茈，一种药材。

【译文】

再往东五百里，有座成侯山，这山上有很多椿树，山上的草以秦茈居多。

又东五百里，曰朝歌之山，谷多美垩。

【译文】

再往东五百里，有座朝歌山，这山的山谷里出产优质垩土。

又东五百里，曰槐山，谷多金锡。

【译文】

再往东五百里，有座槐山，这座山的山谷里盛产金和锡。

又东十里，曰历山^①，其木多槐，其阳多玉。

【注释】

①历山：在山西西南部，传说舜曾在此耕种。

【译文】

再往东十里，有座历山，山上有很多槐树，山的南面盛产玉石。

又东十里，曰尸山，多苍玉，其兽多麖^①。尸水出焉，南流注于洛水，其中多美玉。

【注释】

①麖（jīng）：鹿的一种，即水鹿。又名马鹿、黑鹿。体形较大，棕黑色，善于奔跑。

【译文】

再往东十里，有座尸山，山上青玉储量丰富，山上的野兽以麖为多。尸水就从这座山发源，之后向南流注入洛水，水里盛产优质的玉石。

又东十里，曰良馀之山，其上多穀柞，无石。馀水出于其阴，而北流注于河；乳水出于其阳，而东南流注于洛。

【译文】

再往东十里，有座良馀山，山里生长着大量的构树和柞树，没有石头。馀水就从良馀山北麓流出，之后往北流注入黄河；而乳水从良馀山的南麓流出，之后向东南流注入洛水。

又东南十里，曰蛊尾之山，多砺石、赤铜。龙馀之水出焉，而东南流注于洛。

【译文】
再往东南十里，有座蛊尾山，山里盛产磨刀石、赤铜。龙馀水就从这山发源，之后向东南流注入洛水。

又东北二十里，曰升山，其木多穀柞棘，其草多薯萸、蕙①，多寇脱②。黄酸之水出焉，而北流注于河，其中多璇玉。

【注释】
①薯萸（shǔyù）：也就是山药。可以食用也可以入药。
蕙：香草名。
②寇脱：一种生长在南方的草。
【译文】
再往东北二十里，有座升山，山上的树以构树、柞树、酸枣树为多，草则以薯萸、蕙草为多，还有很多寇脱。黄酸水就从这座山发源，之后向北流注入黄河，水里盛产璇玉。

又东十二里，曰阳虚之山，多金，临于玄扈之水。

【译文】

再往东二十里，有座阳虚山，山里盛产金子，阳虚山和玄扈水离得很近。

凡薄山之首，自苟林之山至于阳虚之山，凡十六山，二千九百八十二里。升山，冢也，其祠礼：太牢，婴用吉玉。首山，䰠也[1]，其祠用稌、黑牺太牢之具、糵酿[2]；干儛[3]，置鼓；婴用一璧。尸水，合天也，肥牲祠之，用一黑犬于上，用一雌鸡于下，刉一牝羊[4]，献血。婴用吉玉。采之，飨之[5]。

【注释】

①䰠（shén）：神。

②糵（niè）酿：就是用糵作酒曲酿造的酒。

③干：盾牌。儛（wǔ）：同“舞”。

④刉（jī）：切割。

⑤飨（xiǎng）：祭祀，献祭。

【译文】

薄山山系，从苟林山起到阳虚山，一共十六座，行经二千九百八十二里。升山是诸山的宗主，祭祀升山的礼仪如下：祭物用猪、牛、羊齐全的三牲，祭神的玉器要用吉玉。首山是有神灵的山，祭祀首山要用稻米、整只黑色的猪、牛、羊以及美酒；祭祀时要手持盾牌起舞，鼓要按节奏响起；祭祀的玉器是一块玉璧。尸水能够上通到天界，所以要用肥美的牲畜作祭品，具体的办法是用一只黑狗作祭品供在上面，用一只母鸡作祭品供在下面，杀一只母羊，把羊血作为祭品奉献。祭祀的玉器要用吉玉，并用彩色丝帛把祭品包裹起来，并祈求神明享用。

中次六山缟羝山之首，曰平逢之山，南望伊、洛，东望谷城之山①，无草木，无水，多沙石。有神焉，其状如人而二首，名曰骄虫，是为螫虫②，实惟蜂蜜之庐③。其祠之：用一雄鸡，禳而勿杀④。

【注释】

①谷城：山名，今在山东东阿东。

②螫（shì）虫：泛指身上长有毒刺能螫人的昆虫。

③庐：居住之所。

④禳（ráng）：古代消除灾害的祭祀。

【译文】

中央第六列山系是缟羝山系，它的第一座叫做平逢山，从这座山向南可以看见伊水和洛水，向东则可以看见谷城山，这座山上没有草木，也没有水，有大量沙子和石头。山里有一位神，它的样子像人，长着两个脑袋，名字叫做骄虫，他是所有螫虫的首领，这座山是蜜蜂一类虫子筑巢聚集的地方。祭祀这位山神的礼仪是：祭品用一只公鸡，祈祷但不用杀死它。

西十里，曰缟羝之山，无草木，多金玉。

【译文】

往西十里，有座缟羝山，山上没有草木，蕴藏着丰富的金属和玉石。

又西十里，曰麀山^①，其阴多琈瑜之玉。其西有谷焉，名曰藋谷^②，其木多柳楮。其中有鸟焉，状如山鸡而长尾，赤如丹火而青喙，名曰鸰鹩^③，其鸣自呼，服之不眯。交觞之水出于其阳^④，而南流注于洛；俞随之水出于其阴，而北流注于穀水。

【注释】

①麀（guī）山：山名，今名谷口山，在今河南洛阳西。

②藋（guàn）谷：谷名。

③鸰鹩（língyāo）：鸟名。

④交觞（shāng）：古水名。

【译文】

再往西十里，有座麀山，这座山的北面盛产琈瑜玉。山的西面有一道峡谷，名字叫藋谷，山里的树木大多是柳树、构树。山里有一种鸟，形状像野鸡，拖着条长尾巴，身上羽毛像火一样红，嘴巴是青色的，它的名字叫鸰鹩，它的叫声就是自己的名字，吃了它能使人远离梦魇。交觞水从这座山的南麓流出，之后向南流注入洛水；俞随水从这座山的北麓流出，之后向北流注入穀水。

又西三十里，曰瞻诸之山，其阳多金，其阴多

文石。潵水出焉①，而东南流注于洛；少水出其阴，
而东流注于谷水。

【注释】

①潵（xiè）水：古水名。

【译文】

再往西三十里，有座瞻诸山，山的南面盛产金属，山
的北面则盛产带有美丽花纹的石头。潵水从这座山流出，
之后向东南流注入洛水；少水从这座山的北边流出，之后
向东流注入谷水。

又西三十里，曰娄涿之山，无草木，多金玉。
瞻水出于其阳，而东流注于洛；陂水出于其阴①，
而北流注于谷水，其中多茈石、文石②。

【注释】

①陂（bēi）水：古水名。

②茈（zǐ）石：茈即茈草，暗紫色可作染料。茈石就是
　一种紫色的石头。

【译文】

再往西三十里，有座娄涿山，山上没有草木，蕴藏
着丰富的金属和玉石。瞻水从这座山的南边流出，之后
向东流注入洛水；陂水从这座山的北边流出，之后向北
流注入谷水，水里有很多紫色的石头以及带有美丽花纹的
石头。

又西四十里，曰白石之山，惠水出于其阳，而南流注于洛，其中多水玉。涧水出于其阴，西北流注于穀水，其中多麋石、栌丹①。

【注释】

①麋石：即眉石，是一种可以用来描眉毛的黑色矿石。麋，通"眉"。栌丹：即卢丹，一种黑色的丹沙，也是一种矿物。栌，通"卢"，黑色。

【译文】

再往西四十里，有座白石山，惠水就从白石山的南边流出，之后向南流注入洛水，水里有大量水晶石。涧水从白石山北边流出，向西北流注入穀水，水里有大量画眉石、黑丹沙。

又西五十里，曰穀山，其上多穀，其下多桑。爽水出焉，而西北流注于穀水，其中多碧绿①。

【注释】

①碧绿：疑是孔雀石，可以制成绿色染料。

【译文】

再往西五十里，有座穀山，这山上有很多构树，山下以桑树为多。爽水就从穀山发源，之后向西北流注入穀水，水里有大量孔雀石。

又西七十二里，曰密山①，其阳多玉，其阴多

铁。豪水出焉，而南流注于洛。其中多旋龟，其状
鸟首而鳖尾，其音如判木。无草木。

【注释】
①密山：疑在今河南新安。

【译文】

　　再往西七十二里，有座密山，这山的南边盛产玉石，
山的北边则盛产铁。豪水从这座山发源，之后向南流注入洛
水。水里有很多旋龟，旋龟的脑袋像鸟头，尾巴和鳖的尾巴
一样，它的叫声就像劈开木头的声音。这座山不生长草木。

　　又西百里，曰长石之山，无草木，多金玉。其
西有谷焉，名曰共谷，多竹。共水出焉，西南流注
于洛，其中多鸣石。

【译文】

　　再往西一百里，有座长石山，山上没有草木，蕴藏着
丰富的金属和玉石。这座山的西面有一道峡谷，这峡谷叫
共谷，里面生长着大量竹子。共水就从这座山流出，之后
向西南流注入洛水，附近的水里出产大量鸣石。

　　又西一百四十里，曰傅山，无草木，多瑶碧。
厌染之水出于其阳，而南流注于洛，其中多人鱼。
其西有林焉，名曰墦冢①。穀水出焉，而东流注于
洛，其中多珚玉②。

【注释】

①墦（fán）冢：树林的名字。墦，美玉。冢，坟墓。

②珚（yān）玉：一种美玉。

【译文】

再往西一百四十里，有座傅山，这山上草木不生，盛产瑶碧一类的美玉。厌染水就从这山的南边流出，之后向南流注入洛水，附近的水里有大量人鱼。这座山的西边有一片树林，名字叫墦冢。穀水就从这里发源，之后折向东流注入洛水，附近水里有大量珚玉。

又西五十里，曰橐山①，其木多樗②，多楒木③，其阳多金玉，其阴多铁，多萧④。橐水出焉，而北流注于河。其中多脩辟之鱼，状如黾而白喙⑤，其音如鸱⑥，食之已白癣。

【注释】

①橐（tuó）：盛物的袋子。

②樗（chū）：臭椿树，一种高大的落叶乔木。

③楒（bèi）木：一种落叶乔木，在七、八月间吐穗，根、叶、花可入药。

④萧：即艾蒿，一种带香味的草本植物。

⑤黾（měng）：青蛙、蟾蜍一类的动物。

⑥鸱（chī）：鸱鹰。

【译文】

再往西五十里，有座橐山，山里的树木以臭椿树为多，还有很多楢树，山的南边盛产金属和玉石，北边则有储量丰富的铁，还有大量的萧草。橐水就从这山发源，之后向北流注入黄河。附近的水里有很多脩辟鱼，这鱼的形状像蛙，长着白色的嘴巴，它的叫声如同猫头鹰在叫，人吃了这种鱼能治白癣病。

又西九十里，曰常烝之山①，无草木，多垩。潐水出焉②，而东北流注于河，其中多苍玉。菑水出焉③，而北流注于河。

【注释】

①烝（zhēng）：气体上升的样子。

②潐（qiáo）水：古水名。

③菑（zī）水：水系名。今有淄水出山东莱芜，与此不同。

【译文】

再往西九十里，有座常烝山，这山上没有草木，有各种颜色的垩土。潐水就从这山发源，之后向东北流注入黄河，水里有大量青玉。菑水也从这山发源，之后向北流注入黄河。

又西九十里，曰夸父之山，其木多棕楠，多竹箭，其兽多柞牛羬羊，其鸟多赤鷩，其阳多玉，其阴多铁。其北有林焉，名曰桃林①，是广员三百里，其中多马。湖水出焉，而北流注于河，其中多瑶玉。

【注释】

①桃林：传说为夸父手杖所化，今在河南灵宝西南。

【译文】

再往西九十里，有座夸父山，山里的树木以棕树和楠树为多，还有很多低矮的竹丛，山里的野兽以柞牛、羬羊为多，鸟类以赤鷩为多，山的南边盛产玉，山的北面盛产铁。这山的北边有一片树林，名字叫桃林，这片树林方圆有三百里，里面有很多马。湖水就从这座山发源，之后向北流注入黄河，附近的水里出产很多瑶玉。

又西九十里，曰阳华之山，其阳多金玉，其阴多青、雄黄，其草多藷藇，多苦辛，其状如楸①，其实如瓜，其味酸甘，食之已疟②。杨水出焉，而西南流注于洛，其中多人鱼。门水出焉，而东北流注于河，其中多玄䃤③。䌲姑之水出于其阴④，而东流注于门水，其上多铜。

【注释】

①楸（xiāo）：同"楸"。楸树是高大的落叶乔木，木质优良，果实可入药。

②疟（nüè）：即疟疾，多由蚊虫引发的周期性传染病。表现为忽冷忽热，可引起贫血和脾肿大。

③玄䃤（sù）：黑色的磨刀石。

④缉（jí）姑：古水名。

【译文】

再往西九十里，有座阳华山，山的南边盛产金属和玉石，山的北边盛产石青和雄黄，山里的草以诸蒿最多，还有很多苦辛草，这草的形状像楸木，果实的形状像瓜，果子的味道酸酸甜甜，人吃了这果子能治愈疟疾。杨水从这山发源，之后向西南流注入洛水，附近的水里有很多人鱼。门水也从这座山流出，之后向东北流注入黄河，附近的水里有很多黑色磨石。缉姑水从阳华山的北边发源，之后向东流注入门水，两岸山间贮藏着大量的铜。

凡缟羝山之首，自平逢之山至于阳华之山，凡十四山，七百九十里。岳在其中①，以六月祭之，如诸岳之祠法，则天下安宁。

【注释】

①岳：泛指高大的山。

【译文】

缟羝山系，从平逢山起到阳华山止，一共十四座，行经七百九十里。在这一山系中有大的山岳，要在每年六月祭祀它，祭祀的礼仪和其他的山岳相同，祭祀过后天下就会安宁。

中次七山苦山之首，曰休与之山，其上有石焉，名曰帝台之棋，五色而文，其状如鹑卵，帝台之石，所以祷百神者也，服之不蛊。有草焉，其状如蓍①，赤叶而本丛生，名曰夙条，可以为箭②。

【注释】

①蓍（shī）：蓍草，俗名锯齿草，多年生草本植物，一本多茎。古人取蓍草的茎作占筮之用。

②箭（gǎn）：细小的竹子，可以用来做箭杆。

【译文】

中央第七列山系是苦山山系，它的第一座山叫休与山，这山上有一种石子，是神仙帝台的棋子，它们有各种颜色，还有斑纹，形状和鹌鹑蛋差不多。神仙帝台的石子，是用来向百神祈祷的，人佩戴了这石子就不会感染邪毒之气。这山上有种草，形状像蓍草，有红色的叶子，根茎生在一起，名字叫夙条，可以用来做箭杆。

东三百里，曰鼓钟之山，帝台之所以觞百神也①。有草焉，方茎而黄华，员叶而三成②，其名曰焉酸，可以为毒③。其上多砺，其下多砥。

【注释】

①觞：原指盛满酒的酒杯，这里指宴饮、宴会。

②成：层，重。

③为毒：解毒。

【译文】

往东三百里，有座鼓钟山，是神仙帝台在此奏钟鼓之乐宴请诸位天神的地方。山里有种草，这草的茎干是方形的，上面开着黄色的花朵，有三层重叠的圆形叶子，名叫焉酸，可以用来解毒。山上出产大量粗磨刀石，山下出产大量细磨刀石。

又东二百里，曰姑媱之山^①，帝女死焉，其名曰女尸，化为䔄草^②，其叶胥成^③，其华黄，其实如菟丘^④，服之媚于人^⑤。

【注释】

①姑媱（yáo）：山名。

②䔄（yáo）草：草名，类似灵芝。䔄，亦作"瑶"。

③胥：聚集。

④菟丘：即菟丝子，一种缠绕寄生的草本植物。

⑤媚于人：为人所宠爱。

【译文】

再往东二百里，有座姑媱山，天帝的一个女儿死在这座山上，她的名字叫女尸，死后变成了䔄草，这草的叶子是一层层密集地长在一起的，花朵是黄色的，果实与菟丝子的果实相似，女子佩戴它能被人所宠爱。

又东二十里，曰苦山，有兽焉，名曰山膏，其状如豚，赤若丹火，善詈^①。其上有木焉，名曰黄棘，黄华而员叶，其实如兰，服之不字^②。有草焉，员叶而无茎，赤华而不实，名曰无条，服之不瘿^③。

【注释】

①詈（lì）：辱骂。

②字：怀孕，生育。

③瘿（yǐng）：囊状肿瘤。

【译文】

再往东二十里，有座苦山，山里有种野兽，名字叫山膏，它的形状像幼猪，身上红得像一团火，这野兽喜欢骂人。山里有种树，名字叫黄棘，它开黄色的花，叶子是圆的，果实和兰草的果实差不多，女人吃它不生孩子。山中有种草，这草有圆圆的叶子，没有茎干，开红色的花朵，不结果实，它的名字叫无条，吃了它脖子上不长肉瘤。

又东二十七里，曰堵山，神天愚居之，是多怪风雨。其上有木焉，名曰天楄①，方茎而葵状，服者不噎②。

【注释】

①天楄（biān）：木名。

②噎（yè）：通"咽"，食物吞咽困难的食道疾病。

【译文】

再往东二十七里，有座堵山，神人天愚住在这山里，这座山上时常刮怪风下怪雨。山上生长着一种树木，名字叫天楄，这树有方的茎干，就像葵菜的样子，佩戴了它能让人吃饭不噎着。

又东五十二里，曰放皋之山，明水出焉，南流注于伊水，其中多苍玉。有木焉，其叶如槐，黄华而不实，其名曰蒙木，服之不惑。有兽焉，其状如蜂，枝尾而反舌，善呼，其名曰文文。

【译文】

再往东五十二里，有座放皋山，明水就从这山发源，之后向南流注入伊水，附近的水里有大量青玉。山里有种树，它的叶子与槐树叶相似，开黄色的花，不结果实，它的名字叫蒙木，佩戴它能让人头脑清醒。山里有一种野兽，形状像蜜蜂，长着树枝一样分叉的尾巴和反着生长的舌头，喜欢鸣叫，它的名字叫文文。

又东五十七里，曰大苦之山，多㻬琈之玉，多麋玉①。有草焉，其叶状如榆，方茎而苍伤②，其名曰牛伤③，其根苍文，服者不厥④，可以御兵。其阳狂水出焉，西南流注于伊水。其中多三足龟，食者无大疾，可以已肿。

【注释】

①麋玉：一种像玉的石头。
②苍伤：青色的刺。伤，刺。
③牛伤：牛棘。
④厥：中医称昏厥，即手脚冰冷突然昏倒。

【译文】

再往东五十七里，有座大苦山，山里盛产琇珶玉，还有很多糜玉。山里有一种草，这草的叶子和榆树的叶子相似，有方形的茎，茎上长满了青色的刺，这草的名字叫牛伤，这草的根茎上有些青色的斑纹，佩戴了这草能让人不得昏厥病，还能躲避兵器的伤害。狂水从这山的南边流出来，向西南流注入伊水。附近的水里有很多三只脚的龟，吃了它的肉人就不生大病，还能消除痈肿。

又东七十里，曰半石之山，其上有草焉，生而秀①，其高丈余，赤叶赤华，华而不实，其名曰嘉荣，服之者不畏霆②。来需之水出于其阳，而西流注于伊水，其中多䱤鱼③，黑文，其状如鲋，食者不睡。合水出于其阴，而北流注于洛，多腾鱼④，状如鳜⑤，居逵⑥，苍文赤尾，食者不痈⑦，可以为瘘⑧。

【注释】

①生而秀：一开始生长就抽穗开花。秀，开花。

②霆：短促暴烈的雷。

③䱤（lún）鱼：鱼名。

④腾（téng）鱼：就是瞻星鱼，身体后部侧扁。

⑤鳜（guì）：鳜鱼，也叫桂鱼，身体侧扁嘴大下颌突出，细鳞。

⑥逵：本指四通八达的道路。这里指水中四通八达的穴道。

⑦痈（yōng）：肿疡。

⑧瘘（lòu）：瘘管，瘘疮。

【译文】

再往东七十里，有座半石山，这山上有一种草，一破土就抽穗开花，有一丈多高，叶子和花都是红色的，开花后果实就落了，它的名字叫嘉荣，佩戴它人就不畏惧霹雳雷震。来需水从半石山南边发源，之后向西流注入伊水。水里有很多䱻鱼，这鱼浑身长着黑色的斑纹，形状就像鲫鱼，吃了它的肉不会打瞌睡。合水从山的北边发源，之后向北流注入洛水，水里有很多腾鱼，这鱼的形状就像鳜鱼，栖息在水底的洞穴，身上是青色斑纹，有红色的尾巴，吃了它的肉可以不得痈肿，还能够治好瘘疮。

又东五十里，曰少室之山①，百草木成囷②。其上有木焉，其名曰帝休，叶状如杨，其枝五衢③，黄华黑实，服者不怒。其上多玉，其下多铁。休水出焉，而北流注于洛，其中多䲠鱼，状如盩蜼而长距④，足白而对⑤，食者无蛊疾，可以御兵。

【注释】

①少室：山名。在今河南登封西。

②囷（qūn）：圆形的仓库，用来装粮食。

③衢（qú）：本指四通八达的道路，这里指树岔。

④盩蜼（zhōuwèi）：一种像猕猴的野兽。距：足爪。

⑤对：相向。

【译文】

再往东五十里，有座少室山，这山上有各种花草树木，聚集在一起就像圆圆的谷仓。这山里有种树，名字叫帝休，它叶子的形状与杨树叶差不多，树枝交错杂乱地伸向四方，开黄色的花，结黑色的果实，佩戴它人就心平气和不发无名之火。少室山上有大量玉石，山底下有储量丰富的铁。休水就从这山发源，之后向北流注入洛水，附近的水里有很多䱗鱼，这鱼的形状像猕猴，长着公鸡的爪子，有白色的脚相对而生，人吃了它的肉就不会有疑心病，还能躲避兵器的伤害。

又东三十里，曰泰室之山①，其上有木焉，叶状如梨而赤理，其名曰栯木②，服者不妒。有草焉，其状如荖③，白华黑实，泽如蘡薁④，其名曰蓇草，服之不眛。上多美石。

【注释】

①泰室：山名，即中岳嵩山，在今河南登封北。

②栯（yù）木：树名。

③荖（zhú）：是"术"的本字，就是白术、苍术一类的药材。

④蘡薁（yīngyù）：落叶藤木，俗称野葡萄。

【译文】

再往东三十里，有座泰室山，这山上有种树，它的叶子像梨树的叶子，有红色纹理，这树的名字叫栯木，佩戴它人就不会有嫉妒心。山里有种草，形状像术草，开白色的花，结黑色的果实，果子的色泽像野葡萄一样，这草的名字叫菖草，佩戴它人不会做噩梦。这山上还有许多美丽的石头。

又北三十里，曰讲山，其上多玉，多柘^①，多柏。有木焉，名曰帝屋，叶状如椒，反伤赤实，可以御凶。

【注释】

①柘（zhè）：树名，桑科，落叶灌木或小灌木。叶可以喂蚕，皮可以做黄色染料，是贵重的木料。

【译文】

再往北三十里，有座讲山，这山上有大量玉石，还有很多柘树和柏树。山里还有种树，名字叫帝屋，这树的叶子和花椒树叶相似，树身上长有倒刺，结红色的果实，可以辟凶邪之气。

又北三十里，曰婴梁之山，上多苍玉，镎于玄石。

【译文】

再往北三十里，有座婴梁山，这山上盛产青玉，这些青玉都附着在黑色石头里。

又东三十里，曰浮戏之山，有木焉，叶状如樗而赤实，名曰亢木，食之不蛊。汜水出焉，而北流注于河。其东有谷，因名曰蛇谷，上多少辛^①。

【注释】

①少辛：又名小辛、细辛，一种草药。

【译文】

再往东三十里，有座浮戏山，这山里生长着一种树，这树的叶子像臭椿树叶，结红色的果实，这树的名字叫做亢木，吃了它可以驱除毒虫躲避邪秽。汜水从这山发源，之后向北流注入黄河。浮戏山东边有一道峡谷，峡谷里有很多蛇，因此就叫蛇谷，这峡谷里出产大量细辛。

又东四十里，曰少陉之山，有草焉，名曰茵草^①，叶状如葵，而赤茎白华，实如蘡薁，食之不愚。器难之水出焉，而北流注于役水。

【注释】

①茵（gāng）草：一种草名。

【译文】

再往东四十里，有座少陉山，这山里有种草，名字叫茵草，这草的叶子和葵菜的叶子差不多，有红色的茎，开白色的花，结出的果实就像野葡萄，吃了它人就变得有智慧。器难水从这座山发源，之后向北流注入役水。

又东南十里，曰太山^①，有草焉，名曰梨，其叶状如萩而赤华^②，可以已疽。太水出于其阳，而东南流注于役水；承水出于其阴，而东北流注于役水。

【译文】

再往东南十里，有座太山，这座山里有种草，名叫梨，它的叶子像萩草叶，开红色的花，可以用来治疗痈疽。太水从这山的南边发源，之后向东南流注入役水；承水从这山的北边流出，之后向东北流注入役水。

又东二十里，曰末山，上多赤金。末水出焉，北流注于役水。

【译文】

再往东二十里，有座末山，山上到处是黄金。末水从这座山发源，向北流注入役水。

又东二十五里，曰役山，上多白金，多铁。役水出焉，北流注于河。

【译文】

再往东二十五里，有座役山，这座山上有大量白银，还有储量丰富的铁。役水就从这山发源，之后向北流注入黄河。

又东三十五里，曰敏山①，上有木焉，其状如荆，白华而赤实，名曰葪柏②，服者不寒。其阳多璇珦之玉。

【注释】

①敏山：即博山。在今河南郑州南。

②葪（jì）柏：植物名，柏树的一种。葪，通"蓟"。

【译文】

再往东三十五里，有座敏山。这山上有种树，形状和牡荆相似，开白色的花，结红色的果实，它的名字叫葪柏，吃了它人就不怕寒冷。敏山南边有大量璇珦玉。

又东三十里，曰大骓之山①，其阴多铁、美玉、青垩。有草焉，其状如蓍而毛，青华而白实，其名曰猿②，服之不夭，可以为腹病。

【注释】

①大骓：山名，在今河南密县南。

②猿（hěn）：草名。

【译文】

再往东三十里，有座大骓山，山的北边有储量很大的铁、美玉和青色垩土。山里有种草，形状像蓍草，长着绒

毛，开青色的花，结白色的果实，名字叫菟，人吃了它就
能延年益寿，还可以医治各种腹部的疾病。

凡苦山之首，自休与之山至于大騩之山，凡十
有九山，千一百八十四里。其十六神者，皆豕身而
人面。其祠：毛牷用一羊羞，婴用一藻玉瘗。苦山、
少室、太室皆冢也，其祠之：太牢之具，婴以吉玉。
其神状皆人面而三首，其余属皆豕身人面也。

【译文】
苦山山系，从休与山开始到大騩山止，一共有十九座，
行经一千一百八十四里。其中十六座山的山神，都是长着
猪的身子人的脸。祭祀这些山神的礼仪如下：带毛的动物
祭品用一只纯色完整的羊献祭，祭神的玉器用一块藻玉，
祭祀后埋入地下。苦山、少室山、太室山是诸山的宗主。
祭祀这三座山的礼仪如下：用猪、牛、羊齐全的三牲，祭
神的玉器用吉玉。这三座山的山神都有人的面孔，长着三
个脑袋。而另外那十六座山的山神都是猪的身子人的面孔。

中次八山荆山之首，曰景山，其上多金玉，其
木多杼檀①。睢水出焉②，东南流注于江③，其中多
丹粟，多文鱼。

【注释】
①杼（shù）：栎树。

②雎（jū）水：水名，今有雎水，在湖北中部偏西。

③江：长江。

【译文】

中央第八列山系是荆山山系，它的第一座山叫景山，这山上蕴藏着丰富的金属和玉石，山里的树木以栎树和檀树居多。雎水就从这山发源，之后向东南流注入江水，水里有很多粟米粒大小的丹沙，还有大量长着彩色斑纹的鱼。

东北百里，曰荆山，其阴多铁，其阳多赤金，其中多䍧牛①，多豹虎，其木多松柏，其草多竹，多橘櫾②，漳水出焉③，而东南流注于雎，其中多黄金，多鲛鱼，其兽多闾麋。

【注释】

①䍧（máo）牛：一种黑色毛皮的牛，大概是牦牛一类。

②櫾（yòu）：同"柚"，常绿乔木，果实较大，味道酸甜。

③漳水：水名，出湖北荆山中，后与沮水汇合，在江陵附近流入长江。

【译文】

往东北一百里，有座荆山，这山的北边盛产铁，山的南边盛产黄金，山里有许多䍧牛，还有大量豹虎，山上树木以松树和柏树居多，还有很多低矮茂密的竹丛，以及很多橘子树和柚子树。漳水就从这山发源，之后向东南流注入雎水，附近的水里盛产黄金，还有很多鲛鱼。山里的野兽以山驴和麋鹿居多。

又东北百五十里，曰骄山，其上多玉，其下多青䨼①，其木多松柏，多桃枝钩端。神蠱围处之②，其状如人而羊角虎爪，恒游于雎漳之渊，出入有光。

【译文】

再往东北一百五十里，有座骄山，这座山上有大量玉石，山下有很多青䨼，山上树木以松树和柏树居多，桃枝钩端一类小竹子四处生长。神蠱围住在这座山里，它的形貌像人，却长着羊角，有虎的爪子，时常在雎水和漳水的深渊一带活动，出入时都有亮光。

又东北百二十里，曰女几之山①，其上多玉，其下多黄金，其兽多豹虎，多闾麋麖麂②，其鸟多白鷮③，多翟，多鸩④。

【注释】

①女几：山名，在今河南宜阳西有女几山，恐非此。

②麂（jǐ）：一种体形较小的鹿类。

③白鷮（jiāo）：即"鷮雉"，一种像野鸡一样有较长尾

羽的鸟，边飞边鸣叫。

④鸩（zhèn）：传说中的一种毒鸟，常捕食蝮蛇。

【译文】

再往东北一百二十里，有座女几山，这山上盛产玉石，山下盛产黄金，山里的野兽以豹子和老虎居多，还有很多山驴、麋鹿、麠、麂，山上的鸟以白鷮居多，还有很多野鸡、鸩鸟。

又东北二百里，曰宜诸之山，其上多金玉，其下多青雘。滫水出焉①，而南流注于漳，其中多白玉。

【注释】

①滫（wéi）水：水名。

【译文】

再往东北二百里，有座宜诸山，山上蕴藏着丰富的金属和玉石，山下则有很多青雘。滫水就从这山发源，之后向南流注入漳水，水里盛产白玉。

又东北三百五十里，曰纶山，其木多梓楠，多桃枝，多柤、栗、橘、櫾，其兽多闾、麈、麢、臭①。

【注释】

①麈（zhǔ）：鹿名。亦名驼鹿，俗称四不像。麢（líng）：兽名。臭（chuò）：一种有青色皮毛，与兔子相似长着鹿脚的野兽。

再往东北三百五十里，有座纶山，山里的树木以梓树、楠树居多，还有很多桃枝竹，以及大量的柤树、栗子树、橘子树、柚子树，山里的野兽以山驴、麈、麢、臭居多。

又东二百里，曰陆郩之山①，其上多㻬琈之玉，其下多垩，其木多杻橿。

【注释】
①陆郩（guǐ）：山名。

【译文】
再往东二百里，有座陆郩山，这座山上盛产㻬琈玉，而山下则出产各种颜色的垩土，山中的树木以杻树和橿树居多。

又东百三十里，曰光山，其上多碧，其下多水。神计蒙处之，其状人身而龙首，恒游于漳渊，出入必有飘风暴雨。

【译文】
再往东一百三十里，有座光山，这座山上盛产碧玉，山下流水众多。神仙计蒙就住在这座山里，他长着人的身子龙的脑袋，时常在漳水的深渊里游玩，出入时必伴有疾风骤雨。

又东百五十里，曰岐山，其阳多赤金，其阴多白珉^①，其上多金玉，其下多青雘，其木多椿。神涉蟲处之^②，其状人身而方面三足。

【注释】

①珉（mín）：一种次于玉的美石。

②涉蟲（tuó）：神祇名。

【译文】

再往东一百五十里，有座岐山，山的南边盛产黄金，山的北边盛产白色珉石，这山上蕴藏着丰富的金属和玉石，山下有很多青雘，山上树木以臭椿树居多。神仙涉蟲就住在这座山上，他长着人的身体，有方形的面孔，有三只脚。

又东百三十里，曰铜山，其上多金、银、铁，其木多榖、柞、柤、栗、橘、櫾，其兽多犳^①。

【注释】

①犳（zhuó）：传说中的动物名。

【译文】

再往东一百三十里，有座铜山，这山里盛产金、银、铁，山上的树木以构树、柞树、柤树、栗子树、橘子树、柚子树居多，野兽则是以犳居多。

又东北一百里，曰美山，其兽多兕牛，多闾麈，多豕鹿，其上多金，其下多青雘。

【译文】

再往东北一百里，有座美山，这山里的野兽以兕、野牛为多，还有很多山驴、麈，以及许多野猪、鹿，这山上盛产黄金，山下出产大量青雘。

又东北百里，曰大尧之山，其木多松柏，多梓桑，多机①，其草多竹，其兽多豹、虎、麢、臭②。

【注释】

①机：即桤树。

②麢（líng）：兽名。臭（chuò）：一种有青色皮毛，与兔子相似长着鹿脚的野兽。

【译文】

再往东北一百里，有座大尧山，这座山里的树木以松树和柏树居多，还有很多梓树和桑树，以及机树，这山里的草以低矮丛生的小竹子居多，野兽则是以豹、虎、麢、臭居多。

又东北三百里，曰灵山，其上多金玉，其下多青雘，其木多桃、李、梅、杏。

【译文】

再往东北三百里，有座灵山，这座山上蕴藏着丰富的金属和玉石，山下有很多青雘，山里的树木大都是桃树、李树、梅树、杏树。

又东北七十里，曰龙山，上多寓木①，其上多碧，其下多赤锡，其草多桃枝钩端。

【注释】

①寓木：又叫宛童，一种寄生在其他树木上的植物。

【译文】

再往东北七十里，有座龙山，山上长了很多寄生的树，也盛产碧玉，山下有大量红锡，山上的草大多是桃枝、钩端之类的低矮竹丛。

又东南五十里，曰衡山，上多寓木穀柞，多黄垩、白垩。

【译文】

再往东南五十里，有座衡山，这座山里有很多的寄生树、构树、柞树，山里还盛产黄色和白色的垩土。

又东南七十里，曰石山，其上多金，其下多青膜，多寓木。

【译文】

再往东南七十里，有座石山，这座山上盛产黄金，山下则有大量青膜，还生长着许多寄生树。

又南百二十里，曰若山，其上多璎珷之玉，多赭，多封石^①，多寓木，多柘。

【注释】
①封石：一种可作药用的矿物，味甜无毒。

【译文】
再往南一百二十里，有座若山，这座山上盛产瑀琈玉，还出产大量的赭石，此外还有很多封石，山上到处长着寄生树以及柘树。

又东南一百二十里，曰彘山，多美石，多柘。

【译文】
再往东南一百二十里，有座彘山，山里有很多美丽的石头，山上遍布着柘树。

又东南一百五十里，曰玉山，其上多金玉，其下多碧铁，其木多柏。

【译文】
再往东南一百五十里，有座玉山，山里蕴藏着丰富的金属和玉石，山下碧玉和铁储量丰富，山里的树木以柏树居多。

又东南七十里，曰谨山，其木多檀，多封石，多白锡。郁水出于其上，潜于其下，其中多砥砺。

【译文】

再往东南七十里，有座讙山，这座山里的树木以檀树为多，还盛产封石和白锡。郁水就从山顶发源，之后流到山下，附近的水里盛产磨刀石。

又东北百五十里，曰仁举之山，其木多榖柞，其阳多赤金，其阴多赭。

【译文】

再往东北一百五十里，有座仁举山，山里的树木以构树和柞树居多，山的南边盛产黄金，山的北边盛产赭石。

又东五十里，曰师每之山，其阳多砥砺，其阴多青雘，其木多柏，多檀，多柘，其草多竹。

【译文】

再往东五十里，有座师每山，山的南边盛产磨刀石，山的北边盛产青雘，山里的树木以柏树居多，还有很多的檀树，以及大量的柘树，草类则以丛生的低矮竹子居多。

又东南二百里，曰琴鼓之山，其木多榖、柞、椒、柘①，其上多白珉，其下多洗石，其兽多豕鹿，多白犀，其鸟多鸩。

【注释】

①椒：此处的椒树指一种矮小丛生的树，与上文的花
　椒树不是同一物种。

【译文】

再往东南二百里，有座琴鼓山，山里的树木以构树、
柞树、椒树和柘树居多，山里盛产白色的珉石，山下洗石
产量丰富，山中的野兽以野猪、鹿为多，还有很多白色的
犀牛，而鸟类则以鸩鸟居多。

凡荆山之首，自景山至琴鼓之山，凡二十三
山，二千八百九十里。其神状皆鸟身而人面。其
祠：用一雄鸡祈瘞，婴用一藻圭，糈用稌。骄山，
冢也。其祠：用羞酒少牢祈瘞①，婴用一璧。

【注释】

①羞：进献。

【译文】

荆山山系，自景山起到琴鼓山止，一共有二十三座，
行经二千八百九十里。诸山山神都有鸟的身体和人的面孔。
祭祀诸山的礼仪如下：祭物用一只公鸡，祭祀后埋入地下，
祭神的玉器用一块藻圭，祭神的精米用稻米。骄山是诸山
的宗主，祭祀骄山的礼仪如下：祭祀用美酒和猪、羊，祭
祀之后埋入地下，祭神的玉器用一块玉璧。

中次九山岷山之首，曰女几之山，其上多石涅①，

其木多杻橿，其草多菊茶。洛水出焉，东注于江。其中多雄黄，其兽多虎豹。

【注释】

①石涅：即涅石，一种可作黑色染料的矿石。

【译文】

中央第九列山系是岷山山系，它的第一座山叫女几山，这座山上盛产石涅，这里的树木以杻树、橿树居多，草类以野菊、术草居多。洛水就从这山发源，之后向东流注入长江。山里遍布着雄黄，野兽以虎豹居多。

又东北三百里，曰岷山①，江水出焉②，东北流注于海，其中多良龟，多鼍③。其上多金玉，其下多白珉。其木多梅棠，其兽多犀象，多夔牛④，其鸟多翰鷩⑤。

【注释】

①岷山：山名，今在甘肃南与四川北交界处。古人以为长江发源于此。

②江水：长江。古人认为岷江是长江的源头，实是误解。此处的江水实为岷江。

③鼍（tuó）：爬行动物，体长丈余，大概是我国特产的扬子鳄。

④夔牛：传说中身躯庞大的野牛。

⑤鷩（bì）：雄的一种。

【译文】

再往东北三百里，有座岷山，长江就从岷山发源，之后向东北流注入海里，附近的水里生长着大量良龟，还有许多鼍。这座山上盛产金属和玉石，山下盛产白色的珉石。山里的树木以梅树和海棠居多，野兽以犀牛和大象居多，也有很多夔牛，山里的鸟以翰鸟和赤鷩鸟居多。

又东北一百四十里，曰崃山①，江水出焉，东流注于大江。其阳多黄金，其阴多麋麈，其木多檀柘，其草多薤韭②，多药、空夺③。

【注释】

①崃山：即邛崃山。今在四川邛崃。

②薤（xiè）：一种山野菜。

③空夺：就是上文提到过的寇脱。寇脱，通脱木的别名。

【译文】

再往东北一百四十里，有座崃山，长江就从这山发源，之后向东流注入长江。山的南边出产大量的黄金，山的北边有很多麋鹿和麈，山里的树木以檀树和柘树居多，草类以薤菜和野韭菜居多，也有很多白芷和寇脱。

又东一百五十里，曰崌山①，江水出焉，东流注于大江，其中多怪蛇，多鳌鱼②。其木多楢杻③，多梅梓，其兽多夔牛、羬、臭、犀、兕。有鸟焉，状如鸮而赤身白首④，其名曰窃脂，可以御火。

【注释】

①崌（jū）山：山名。

②鳖（zhì）鱼：神话传说中的鱼名。

③楢（yóu）：木质刚硬的一种树木，用来制作车辆。

④鸮（xiāo）：猫头鹰之类。

【译文】

再往东一百五十里，有座崌山，江水就从这山发源，之后向东流注入长江，水里生活着许多怪蛇，还有很多鳖鱼。山里的树木以楢树和杻树居多，也有很多梅树和梓树，野兽以夔牛、麢、臭、犀牛、兕居多。这山里有种鸟，形状和鸮差不多，有着红色的身体和白色的脑袋，名字叫窃脂，养在身边可以躲避火灾。

又东三百里，曰高梁之山，其上多垩，其下多砥砺，其木多桃枝、钩端。有草焉，状如葵而赤华，荚实白柎①，可以走马②。

【注释】

①柎（fū）：植物的子房。

②走马：使马跑得快。走，跑。

【译文】

再往东三百里，有座高梁山，山上盛产垩土，山下盛产磨刀石，山里的树木以桃枝竹和钩端竹居多。山里有一种草，这草的形状像葵菜，开红色的花朵，结带荚的果实，有白色的花萼，马吃了它就能跑得更快。

又东四百里，曰蛇山，其上多黄金，其下多垩，其木多枸①，多橡章，其草多嘉荣、少辛。有兽焉，其状如狐，而白尾长耳，名虵狼②，见则国内有兵。

【注释】

①枸（xún）：木名。

②虵（yǐ）狼：传说中的兽类。

【译文】

再往东四百里，有座蛇山，这座山上盛产黄金，山下垩土产量丰富，山上以枸树居多，也有许多橡树和章树，草类以嘉荣、少辛居多。这山里有种野兽，长得像狐狸，有白色的尾巴，耳朵很长，名字叫虵狼，这野兽在哪个国家出现，那个国家就会发生战争。

又东五百里，曰鬲山①，其阳多金，其阴多白珉。蒲鸋之水出焉，而东流注于江，其中多白玉。其兽多犀、象、熊、罴，多猿、蜼②。

【注释】

①鬲（gé）山：山名，古代鬲山相传为夏桀的死地。

②蜼（wèi）：一种长尾猿。

【译文】

再往东五百里，有座鬲山，山的南边盛产黄金，山的北边出产大量的白色珉石。蒲鸋水就从这山发源，之后向东流注入长江，水里有很多白色的玉石。这山里的野兽以犀牛、大象、熊、罴居多，也有大量的猿猴和长尾猿。

又东北三百里，曰隅阳之山，其上多金玉，其下多青雘，其木多梓桑，其草多茈。徐之水出焉，东流注于江，其中多丹粟。

【译文】

再往东北三百里，有座隅阳山，山上蕴藏着丰富的金属和玉石，山下有很多青雘，山里的树木以梓树和桑树居多，草类则以紫草居多。徐水就从这山发源，之后向东流注入长江，附近的水里有许多粟米粒大小的丹沙。

又东二百五十里，曰岐山①，其上多白金，其下多铁，其木多梅梓，多杻楢。减水出焉，东南流注于江。

【注释】

①岐山：山名，今在陕西岐山。

【译文】

再往东二百五十里，有座岐山，山上盛产白银，山下铁储量丰富，这里的树木以梅树和梓树居多，还有许多杻树和楢树。减水从这座山发源，向东南流注入长江。

又东三百里，曰勾㭨之山①，其上多玉，其下多黄金，其木多栎柘，其草多芍药。

【注释】
①勾�（mí）之山：山名。

【译文】
再往东三百里，有座勾㳔山，这座山上盛产玉石，山下盛产黄金，山里的树木以栎树和柘树居多，草类则以芍药居多。

又东一百五十里，曰风雨之山，其上多白金，其下多石涅，其木多椒椫①，多杨。宣余之水出焉，东流注于江，其中多蛇。其兽多闾、麋、麈，多豹虎，其鸟多白鹇。

【注释】
①椒（zōu）：神话传说中的木名。椫（shàn）：又名白理木，一种有白色纹理的树木，木质坚硬。

【译文】
再往东一百五十里，有座风雨山，山上盛产白银，山下盛产石涅，山里的树木以椒树和椫树居多，也有很多杨树。宣余水就从这山发源，之后向东流注入长江，水里有很多水蛇。山里的野兽以山驴和麋鹿居多，也有大量的麈、豹和虎，鸟类则以白鹇居多。

又东北二百里，曰玉山，其阳多铜，其阴多赤金，其木多豫章楢杻，其兽多豕鹿麢臭，其鸟多鸺。

【译文】

再往东北二百里，有座玉山，这座山的南边盛产铜，山的北边盛产黄金，这山里的树木以豫章树、楢树、杻树居多，野兽则以野猪、鹿、麢、臭居多，鸟类则以鸺鸟居多。

又东一百五十里，曰熊山，有穴焉，熊之穴，恒出入神人。夏启而冬闭，是穴也，冬启乃必有兵。其上多白玉，其下多白金，其木多樗柳，其草多寇脱。

【译文】

再往东一百五十里，有座熊山，这座山上有一个洞穴，这个洞穴是熊的巢穴，洞穴里时常有神人出入。这洞穴在夏季开启在冬季关闭，洞穴如果在冬季开启，天下一定会发生战争。山上盛产白色玉石，山下盛产白银。这座山里的树木以臭椿树和柳树居多，草类以寇脱居多。

又东一百四十里，曰騩山，其阳多美玉赤金，其阴多铁，其木多桃枝、荆、芑。

【译文】

再往东一百四十里，有座騩山，这山的南边盛产美玉和黄金，山的北边出产丰富的铁矿，这里的草木以桃枝竹、牡荆树、枸杞树居多。

又东二百里，曰葛山，其上多赤金，其下多瑊石①，其木多柤、栗、橘、櫾、楢、杻，其兽多㹺㺮，其草多嘉荣。

【注释】
①瑊（jiān）石：一种质地比玉石差一等的美石。

【译文】
再往东二百里，有座葛山，这座山上盛产黄金，山下边出产大量瑊石，山里的树木以柤树、栗子树、橘子树、柚子树、楢树、杻树居多，野兽以㹺和㺮居多，草类则以嘉荣居多。

又东一百七十里，曰贾超之山，其阳多黄垩，其阴多美赭，其木多柤栗橘櫾，其中多龙脩①。

【注释】
①龙脩：即龙须草，可以用来织席和造纸。

【译文】
再往东一百七十里，有座贾超山，山的南边出产大量的黄色垩土，山的北边出产精美的赭石，这山里的树木以柤树、栗子树、橘子树、柚子树居多，草类以龙须草居多。

凡岷山之首，自女几山至于贾超之山，凡十六山，三千五百里。其神状皆马身而龙首。其祠：毛用一雄鸡瘗，糈用稌。文山、勾㲻、风雨、騩山①，是皆冢也。其祠之：羞酒，少牢具，婴用一吉玉。熊山，帝也^②。其祠：羞酒，太牢具，婴用一璧。干儛，用兵以禳；祈，璆冕舞^③。

【注释】

①文山：即岷山。

②帝：魁首，领袖。

③璆（qiú）：同"球"，一种美玉。

【译文】

岷山山系，从女几山起到贾超山止，一共有十六座，行经三千五百里。这些山的山神都长着马的身体和龙的脑袋。祭祀这些山的礼仪如下：带毛的动物祭品用一只公鸡，祭祀后埋入地下，祭神的精米用稻米。文山、勾椕山、风雨山、騩山是诸山的宗主，祭祀这几座山的礼仪如下：用美酒、猪、羊作祭品，祭神的玉器用一块吉玉。熊山是诸山的首领，祭祀熊山的礼仪如下：祭祀用美酒，以及猪、牛、羊齐全的三牲。祭神的玉器用一块玉璧。还要手执盾牌舞蹈，这样是为了禳除灾祸；想祈求祥瑞，就要身穿礼服手持美玉跳舞。

中次十山之首，曰首阳之山，其上多金玉，无草木。

【译文】

中央第十列山系的第一座叫首阳山，这座山上蕴藏着丰富的金属和玉石，山上没有任何草木。

又西五十里，曰虎尾之山，其木多椒椐，多封石，其阳多赤金，其阴多铁。

【译文】

再往西五十里，有座虎尾山，这山上的树以花椒树、椐树为多，山上到处都是封石，山的南边盛产黄金，山的北边有储量丰富的铁。

又西南五十里，曰繁缋之山①，其木多楢杻，其草多枝勾。

【注释】

①繁缋（huì）：山名。缋，布帛的首尾两部分。

【译文】

再往西南五十里，有座繁缋山，这山上的树木以楢树和杻树居多，草类则以桃枝、钩端之类的低矮竹丛居多。

又西南二十里，曰勇石之山，无草木，多白金，多水。

【译文】

再往西南二十里，有座勇石山，这座山上不生长花草树木，这山里盛产白银，四处都有流水。

又西二十里，曰复州之山，其木多檀，其阳多黄金。有鸟焉，其状如鸮，而一足彘尾，其名曰跂踵，见则其国大疫。

【译文】

再往西二十里，有座复州山，这山上的树木以檀树居多，山的南边盛产黄金。山里有种鸟，像猫头鹰，只长有一只爪子，拖着一条猪的尾巴，它的名字叫跂踵，这鸟在哪个国家出现，那个国家就会发生大瘟疫。

又西三十里，曰楮山，多寓木，多椒椐，多柘，多垩。

【译文】

再往西三十里，有座楮山，这山上到处是寄生树，遍布着花椒树、椐树，还有很多柘树，以及大量的垩土。

又西二十里，曰又原之山，其阳多青䨓，其阴多铁，其鸟多鸲鹆①。

【注释】

①鸲鹆（qúyù）：鸟名，俗称八哥。

【译文】

再往西二十里，有座又原山，这山的南边盛产青䨓，山的北边盛产铁，山里的鸟类以八哥居多。

又西五十里，曰涿山，其木多榖柞杻，其阳多㻊琈之玉。

【译文】

再往西五十里，有座涿山，这山上的树木以构树、柞树、杻树居多，山的南边盛产㻊琈玉。

又西七十里，曰丙山，其木多梓檀，多弞杻^①。

【注释】

①弞（shěn）杻：高大的杻树。弞，长。

【译文】

再往西七十里，有座丙山，这山上的树木以梓树、檀树居多，还有很多高大的杻树。

凡首阳山之首，自首山至于丙山，凡九山，二百六十七里。其神状皆龙身而人面。其祠之：毛用一雄鸡瘗，糈用五种之糈。堵山，冢也，其祠之：少牢具，羞酒祠，婴用一璧瘗。骐山，帝也，其祠：羞酒，太牢具，合巫祝二人儛，婴一璧。

【译文】

首阳山系，从首阳山起到丙山止，一共是九座，长达二百六十七里。这些山的山神都有龙的身体和人的面孔。祭祀这些山的礼仪如下：带毛的动物祭品用一只公鸡，祭祀后埋入地下，祭神的精米用五种粮米。堵山是诸山的宗主，祭祀堵山的礼仪如下：用猪、羊二牲作祭品，进献美酒，祭神的玉器用一块玉璧，祭祀后埋入地下。骓山是诸山的首领，祭祀骓山要进献美酒，用猪、牛、羊齐全的三牲；还要让巫师和祝师一起跳舞，祭神的玉器用一块玉璧。

中次一十一山荆山之首，曰翼望之山。湍水出焉①，东流注于济②；贶水出焉③，东南流注于汉，其中多蛟。其上多松柏，其下多漆梓，其阳多赤金，其阴多珉。

【注释】

①湍（zhuān）水：水系名，在河南南阳。

②济：或当为"淯"。淯水亦在南阳境内。

③贶（kuàng）水：水系名。

【译文】

中央第十一列山系是荆山山系，它的第一座山叫做翼望山。湍水就从这座山发源，之后向东流注入济水；贶水也从这山发源，之后向东南注入汉水，附近的水里有很多蛟龙。这山上遍布着松树和柏树，山下有很多漆树和梓树，山的南边盛产黄金，山的北边则出产大量珉石。

又东北一百五十里，曰朝歌之山，沄水出焉①，东南流注于荥，其中多人鱼。其上多梓楠，其兽多麢麋。有草焉，名曰莽草，可以毒鱼。

【注释】

①沁水：即今舞水。出河南舞阳。

【译文】

再往东北一百五十里，有座朝歌山，沁水就从这山发源，之后向东南流注入荥水，附近的水里生长着大量的人鱼。这座山里有大量梓树和楠树，山里的野兽以麢、麋鹿居多。山里有种草，这草的名字叫莽草，能够用来毒鱼。

又东南二百里，曰帝囷之山，其阳多㻪琈之玉，其阴多铁。帝囷之水出于其上，潜于其下，多鸣蛇。

【译文】

再往东南二百里，有座帝囷山，这山的南边盛产㻪琈玉，山的北边盛产铁。帝囷水就从这山的顶端发源，之后潜流到山底，附近的水里有很多鸣蛇。

又东南五十里，曰视山，其上多韭。有井焉，名曰天井，夏有水，冬竭。其上多桑，多美垩金玉。

【译文】

再往东南五十里，有座视山，山上遍布着野韭菜。山里有口井，名叫天井。这井夏天有水，冬天则会干涸。山上有很多桑树，还盛产优质垩土和金属、玉石。

又东南二百里，曰前山，其木多楮^①，多柏，其阳多金，其阴多赭。

【注释】

①楮（zhū）：树名，常绿乔木，木质耐腐蚀，可以建造房屋。

【译文】

再往东南二百里，有座前山，这山上的树木以楮树居多，山里还有很多柏树，山的南边盛产黄金，山的北边盛产赭石。

又东南三百里，曰丰山，有兽焉，其状如蝯^①，赤目、赤喙、黄身，名曰雍和，见则国有大恐^②。神耕父处之，常游清泠之渊^③，出入有光，见则其国为败。有九钟焉，是和霜鸣。其上多金，其下多榖柞杻橿。

【注释】

①蝯（yuán）：即猿。

②见：同"现"，出现。

③泠（líng）：清凉，冷清。

【译文】

再往东南三百里，有座丰山，山里有种野兽，形状像猿猴，长着红色的眼睛、嘴巴，有黄色的身子，名字叫雍和，这野兽在哪个国家出现，那个国家就会发生恐慌。神耕父就住在这山里，他时常在清泠渊附近畅游，出入时都有亮光，他在哪个国家出现，那个国家就要走向衰败。这座山上还有九口钟，它们都会随着霜降鸣响。山里盛产黄金，山下有大量构树、柞树、杻树、橿树。

又东北八百里，曰兔床之山，其阳多铁，其木多楮芧①，其草多鸡谷，其本如鸡卵，其味酸甘，食者利于人。

【注释】

①芧（xù）：即橡树，栎树的一种。

【译文】

再往东北八百里，有座兔床山，山的南边盛产铁，山里的树木以楮树和芧树居多，草类以鸡谷草居多，鸡谷草的根茎像鸡蛋，酸中带甜，服用它对人的身体有好处。

又东六十里，曰皮山，多垩，多赭，其木多松柏。

【译文】

再往东六十里，有座皮山，这山上有大量的垩土，还有很多赭石，山里的树木以松树和柏树居多。

又东六十里，曰瑶碧之山，其木多梓楠，其阴多青雘，其阳多白金。有鸟焉，其状如雉，恒食蜚①，名曰鸩。

【注释】

①蜚（fěi）：一种蝽类小飞虫，食稻花为害。

【译文】

再往东六十里，有座瑶碧山，山里的树木以梓树和楠树居多，山的北边盛产青雘，山的南边盛产白银。山里有种鸟，这鸟的形状像野鸡，经常吃蜚蝗，它的名字叫鸩。

又东四十里，曰攻离之山，滑水出焉，南流注于汉。有鸟焉，其名曰婴勺，其状如鹊，赤目、赤喙、白身，其尾若勺，其鸣自呼。多㸲牛，多羬羊。

【译文】

再往东四十里，有座攻离山，滑水就从这山发源，之后向南流注入汉水。山里有种鸟，它的名字叫婴勺，形状像喜鹊，长着红色的眼睛和嘴巴，有白色的身体，尾巴长得像酒勺似的，这鸟的叫声就是它自己名字。这山里还有大量㸲牛、羬羊。

又东北五十里，曰柘篠之山①，其上多松柏机桓②。

【注释】

①柘篠（zhìdiāo）：山名。

②桓（huán）：树名，又称无患树。古人认为它有祛邪避恶的功能。

【译文】

再往东北五十里，有座袟簡山，这座山上有大量松树、柏树、机树、桓树。

又西北一百里，曰堇理之山^①，其上多松柏，多美梓，其阴多丹腰，多金，其兽多豹虎。有鸟焉，其状如鹊，青身白喙，白目白尾，名曰青耕，可以御疫，其鸣自叫。

【注释】

①堇（qín）理：山名。堇，黏土。

【译文】

再往西北一百里，有座堇理山，这座山上有大量松树和柏树，还有很多质地优良的梓树，山的北面盛产青腰，而且有储量丰富的黄金，山上的野兽以豹和虎居多。山里还有种鸟，它的形状就像喜鹊，有青色的身体和白色的嘴巴、眼睛和尾巴，它的名字叫青耕，饲养它并带在身边可以躲避瘟疫，它的叫声就是它的名字。

又东南三十里，曰依轱之山^①，其上多杻橿，多苴^②。有兽焉，其状如犬，虎爪有甲，其名曰獜^③，善駚牟^④，食者不风。

【注释】

①依轱（kū）：山名。

②苴（jū）：通"柤"，树名。

③獜（lín）：传说中的怪兽。

④駚牟（yāngfèn）：奔腾跳跃。

【译文】

再往东南三十里，有座依轱山，这座山上有大量枏树和檀树，以及柤树。山里有种野兽，形状就像狗，它长着老虎一样的爪子，身上披着鳞甲，这野兽的名字叫獜，擅长跳跃腾挪，吃了它人就不会得风痹病。

又东南三十五里，曰即谷之山，多美玉，多玄豹，多闾麈，多麢臭。其阳多珉，其阴多青䨼。

【译文】

再往东南三十五里，有座即谷山，山里盛产质地优良的玉石，山里有大量黑豹，也有很多山驴和麈，麢和臭的数量也很可观。山的南边盛产珉石，而山的北面盛产青䨼。

又东南四十里，曰鸡山，其上多美梓，多桑，其草多韭。

【译文】

再往东南四十里，有座鸡山，山上有大量优良的梓树，还有很多桑树，草类以野韭菜居多。

又东南五十里，曰高前之山，其上有水焉，甚寒而清，帝台之浆也，饮之者不心痛。其上有金，其下有赭。

【译文】

再往东南五十里，有座高前山，山上有条溪水，水冰凉而又清澈，是神仙帝台用过的水，喝了它人就不会患心痛病。这座山上盛产黄金，山下有大量的赭石。

又东南三十里，曰游戏之山，多杻、橿、榖，多玉，多封石。

【译文】

再往东南三十里，有座游戏山，山上有大量杻树、橿树、构树，盛产玉石，以及封石。

又东南三十五里，曰从山，其上多松柏，其下多竹。从水出于其上，潜于其下，其中多三足鳖，枝尾，食之无蛊疾。

【译文】

再往东南三十五里，有座从山，山上遍布着松树和柏树，山下有茂密的低矮竹丛。从水就从这山顶上发源，之后潜流到山底下，水里有很多三足鳖，这鳖长着分岔的尾巴，吃了它人就可以不得疑心病。

又东南三十里，曰婴䃌之山^①，其上多松柏，其下多梓櫄^②。

【注释】

①婴䃌（zhēn）：古山名。

②櫄（chūn）：又叫椿树，指香椿树。

【译文】

再往东南三十里，有座婴䃌山，山上遍布着松树和柏树，山下有茂密的梓树和櫄树。

又东南三十里，曰毕山，帝苑之水出焉，东北流注于㳎^①，其中多水玉，多蛟。其上多瑀珸之玉。

【注释】

①㳎（qìn）：水名，在河南境内，为汝水支流之一。

【译文】

再往东南三十里，有座毕山，帝苑水就从这山发源，之后向东北流注入㳎水，水里出产大量水晶石，还有很多蛟龙。山上盛产瑀珸玉。

又东南二十里，曰乐马之山，有兽焉，其状如彚^①，赤如丹火，其名曰狼^②，见则其国大疫。

【注释】

①彚（huì）：刺猬。

②㺊（lì）：怪兽名。

【译文】

再往东南二十里，有座乐马山，山里有种野兽，形状像刺猬，全身一团火红，这野兽的名字叫㺊，它在哪个国家出现，那个国家就会发生大瘟疫。

又东南二十五里，曰葴山①，漾水出焉，东南流注于汝水②，其中多人鱼，多蛟，多颉③。

【注释】

①葴（zhēn）山：山名。

②汝水：水名，发源于伏牛山，淮河支流之一。

③颉（xié）：传说中的兽名，形状如青狗。

【译文】

再往东南二十五里，有座葴山，漾水就从这山里发源，之后向东南流注入汝水，附近的水里有大量人鱼、蛟龙以及颉。

又东四十里，曰婴山，其下多青雘，其上多金玉。

【译文】

再往东四十里，有座婴山，山下盛产青雘，山上蕴藏着丰富的金属和玉石。

又东三十里，曰虎首之山，多苴椆椐。

【译文】

再往东三十里，有座虎首山，有茂密的柤树、榶树、椐树。

又东二十里，曰婴侯之山，其上多封石，其下多赤锡。

【译文】

再往东二十里，有座婴侯山，这座山上出产大量封石，山下出产丰富的红色锡土。

又东五十里，曰大騩之山，杀水出焉，东北流注于滱水，其中多白垩。

【译文】

再往东五十里，有座大騩山，杀水就从这座山发源，之后向东北流注入滱水，沿岸附近到处都有白色的垩土分布。

又东四十里，曰卑山，其上多桃李苴梓，多纍①。

【注释】

①纍（lěi）：藤蔓。

【译文】

再往东四十里，有座卑山，这座山上有很多桃树、李树、柤树、梓树，也有很多藤蔓。

又东三十里，曰倚帝之山，其上多玉，其下多金。有兽焉，状如鼣鼠^①，白耳白喙，名曰狙如^②，见则其国有大兵。

【注释】

①鼣（fèi）鼠：传说中的鼠名。

②狙（jū）如：一种传说中的怪兽名。

【译文】

再往东三十里，有座倚帝山，这座山上有大量玉石，山下盛产黄金。山里有种野兽，形状像鼣鼠，有白色的耳朵和嘴巴，它的名字叫狙如，这野兽在哪个国家出现，那个国家就会发生大规模的战争。

又东三十里，曰鲵山^①，鲵水出于其上，潜于其下，其中多美垩。其上多金，其下多青雘。

【注释】

①鲵（ní）山：山名。

【译文】

再往东三十里，有座鲵山，鲵水就从这座山的山顶发源，之后潜流到山下，这座山里出产质地优良的垩土。山上有储量丰富的黄金，山下则盛产青雘。

又东三十里，曰雅山，澧水出焉①，东流注于漾水，其中多大鱼。其上多美桑，其下多苴，多赤金。

【注释】

①澧水：水名。今出桐柏山，汇入南阳唐河。

【译文】

再往东三十里，有座雅山，澧水从这座山发源，之后向东流注入漾水，附近的水里盛产大鱼。山上有大片优质桑树，山下有很多苴树，这座山还盛产黄金。

又东五十五里，曰宣山，沦水出焉，东南流注于漾水，其中多蛟。其上有桑焉，大五十尺，其枝四衢，其叶大尺余，赤理黄华青柎，名曰帝女之桑。

【译文】

再往东五十五里，有座宣山，沦水就从这座山发源，之后向东南流注入漾水，附近的水里有很多蛟龙。这座山上有种桑树，这树的树干合抱起来有五十尺粗，它的树枝交错伸向四方，树叶有一尺多大，有红色的纹理、黄色的花朵和青色的萼，这桑树的名字叫帝女桑。

又东四十五里，曰衡山①，其上多青膜，多桑，其鸟多鸜鹆②。

①衡山：山名。此处衡山非南岳，别是一山。

②鸲鹆（qúyù）：鸟名，即八哥。

【译文】

再往东四十五里，有座衡山，这座山上盛产青膜，还有很多桑树，山里的鸟以八哥为最多。

又东四十里，曰丰山，其上多封石，其木多桑，多羊桃①，状如桃而方茎，可以为皮张②。

【注释】

①羊桃：一名"鬼桃"。传说中的桃树名。

②为：治疗。张：通"胀"，浮肿。

【译文】

再往东四十里，有座丰山，这座山里出产大量的封石，山里的树木大多是桑树，还有很多羊桃，羊桃树的形状和一般的桃树差不多，却有着方形的树干，它可以医治人的各种皮肤肿胀症。

又东七十里，曰姁山，其上多美玉，其下多金，其草多鸡谷。

【译文】

再往东七十里，有座姁山，这座山上盛产优质的玉石，山下盛产黄金，山里的草类以鸡谷草为最盛。

又东三十里，曰鲜山，其木多楢、杻、苴，其草多藟冬，其阳多金，其阴多铁。有兽焉，其状如膜犬[1]，赤喙、赤目、白尾，见则其邑有火，名曰狍即[2]。

【注释】

①膜犬：一种体形高大，毛发浓密，性情凶悍的犬类。
②狍（yí）即：传说中的怪兽名。

【译文】

再往东三十里，有座鲜山，山中的树木以楢树、杻树、苴树居多，草类以藟冬居多，山的南边盛产黄金，山的北边盛产铁。山里有种野兽，形状像膜犬，有红色的嘴巴和眼睛，白色的尾巴，这野兽出现在哪个地方，那里就会出现火灾，它的名字叫狍即。

又东三十里，曰皋山，其阳多金，其阴多美石。皋水出焉，东流注于澧水，其中多脃石[1]。

【注释】

①脃（cuì）石：脃是"脆"的本字。脃石是一种轻软易断的石头。

【译文】

再往东三十里，有座皋山，这座山的南边盛产黄金，山的北边盛产美丽的石头。皋水就从这山发源，之后向东流注入澧水，附近的水里盛产脃石。

又东二十五里，曰大支之山，其阳多金，其木多穀柞，无草。

【译文】

再往东二十五里，有座大支山，这座山的南面盛产黄金，山上的树木以构树和柞树居多，但没有草类生长。

又东五十里，曰区吴之山，其木多苴。

【译文】

再往东五十里，有座区吴山，这山里的树木以柤树为最盛。

又东五十里，曰声匈之山，其木多穀，多玉，上多封石。

【译文】

再往东五十里，有座声匈山，这山里有大量的构树，山上到处都是玉石，封石产量也很大。

又东五十里，曰大騩之山，其阳多赤金，其阴多砥石。

【译文】

再往东五十里，有座大騩山，山的南边盛产黄金，山的北边盛产细磨刀石。

又东十里，曰踵臼之山，无草木。

【译文】

再往东十里，有座踵臼山，这山上不生长任何花草树木。

又东北七十里，曰历石之山，其木多荆芑，其阳多黄金，其阴多砥石。有兽焉，其状如狸，而白首虎爪，名曰梁渠，见则其国有大兵。

【译文】

再往东北七十里，有座历石山，这山上的树木以牡荆和枸杞为多，山的南边盛产黄金，山的北边盛产细磨刀石。这座山里有种野兽，它的形状像野猫，有白色的脑袋，以及像老虎一样的爪子，这野兽的名字叫梁渠，它在哪个国家出现，那个国家就会发生惨烈的战争。

又东南一百里，曰求山，求水出于其上，潜于其下，中有美赭。其木多苴，多镅①。其阳多金，其阴多铁。

【注释】

①镅（mèi）：竹名。

再往东南一百里，有座求山，求水就从这山顶发源，之后潜流到山下，这山里有丰富的优良赭石。山中到处都是粗树，还有低矮的丛生的竹籥。山的南边盛产黄金，山的北面则有储量丰富的铁。

又东二百里，曰丑阳之山，其上多椆椐^①。有鸟焉，其状如乌而赤足，名曰𪁌𪆪^②，可以御火。

【注释】

①椆（chóu）椐（jū）：都是树木名。

②𪁌𪆪（zhǐtú）：鸟名。

【译文】

再往东二百里，有座丑阳山，这座山上有大量椆树和椐树。这座山里有种鸟，这鸟的样子就像乌鸦，生有红色的爪子，名字叫𪁌𪆪，把它养在身边可以预防火灾。

又东三百里，曰奥山，其上多柏杻橿，其阳多㻬琈之玉。奥水出焉，东流注于漾水。

【译文】

再往东三百里，有座奥山，这座山上有大量的柏树、杻树、橿树，山的南边盛产㻬琈玉。奥水就发源于这座山，之后向东流注入漾水。

又东三十五里，曰服山，其木多柤，其上多封石，其下多赤锡。

【译文】

再往东三十五里，有座服山，山上的树木以柤树居多，山上还有大量的封石，山下红色锡土的产量很大。

又东三百里，曰杳山^①，其上多嘉荣草，多金玉。

【注释】

①杳（yǎo）山：山名。杳，幽暗。

【译文】

再往东三百里，有座杳山，这座山上遍布着嘉荣草，蕴藏着丰富的金属和玉石。

又东三百五十里，曰凡山，其木多楢檀杻，其草多香。有兽焉，其状如彘，黄身、白头、白尾，名曰闻獜^①，见则天下大风。

【注释】

①闻獜（lìn）：传说中的一种怪兽名。

【译文】

再往东三百五十里，有座凡山，山上的树木以楢树、檀树、杻树居多，草类主要是各种有芳香气味的草。山里有种野兽，形状像猪，有着黄色的身体和白色的脑袋以及尾巴，它的名字叫闻獜，这野兽一出现天下就会刮大风。

　　凡荆山之首，自翼望之山至于凡山，凡四十八山，三千七百三十二里。其神状皆彘身人首。其祠：毛用一雄鸡祈，瘗用一珪，糈用五种之精。禾山，帝也。其祠：太牢之具，羞瘗，倒毛，用一璧。牛无常。堵山、玉山，冢也，皆倒祠，羞用少牢，婴用吉玉。

　　【译文】

　　荆山山系，从翼望山起到凡山止，一共有四十八座，行经三千七百三十二里。这些山的山神都有着猪的身体和人的脑袋。祭祀这些山神的礼仪如下：带毛的动物祭品用一只公鸡，祭祀后埋入地下，祭祀的玉器用一块玉珪，祭祀的精米用黍、稷、稻、粱、麦五种谷物。禾山是诸山的领袖。祭祀禾山的礼仪如下：祭物用猪、牛、羊齐全的三牲，祭祀后埋入地下，而且要把牲畜倒着埋；祭祀的玉器用一块玉璧。虽是用太牢礼，也不一定每次都要有牛。堵山和玉山是诸山的宗主，祭祀之后也要把牲畜倒着埋，祭祀要用猪、羊，祭祀的玉器要用吉玉。

　　中次十二山洞庭山之首，曰篇遇之山，无草木，多黄金。

【译文】

中央第十二列山系是洞庭山系，它的第一座山是篇遇山，这座山上没有花草树木，却蕴藏着丰富的黄金。

又东南五十里，曰云山，无草木，有桂竹①，甚毒，伤人必死。其上多黄金，其下多琈珸之玉。

【注释】

①桂竹：竹子的一种。比较高，茎粗，叶大节长，皮是红色的。

【译文】

再往东南五十里，有座云山，山上没有花草树木。山里有种桂竹，这竹子的毒性很大，人一旦被它的枝叶所刺就必定死亡。山中盛产黄金，山下盛产琈珸玉。

又东南一百三十里，曰龟山，其木多穀柞椆椐，其上多黄金，其下多青、雄黄，多扶竹②。

【注释】

①扶竹：也就是邛竹，因可制手杖得名。

【译文】

再往东南一百三十里，有座龟山，山里的树木以构树、柞树、椆树、椐树居多，山上盛产黄金，山下盛产石青、雄黄，还长着大片的扶竹。

又东七十里，曰丙山，多筀竹^①，多黄金铜铁，无木。

【注释】
①筀（guì）竹：一种竹子。也作"桂竹"。

【译文】
再往东七十里，有座丙山，山上有茂密的桂竹，还有大量的黄金、铜、铁，但是这山上没有任何树木。

又东南五十里，曰风伯之山，其上多金玉，其下多瘦石、文石^①，多铁，其木多柳、杻、檀、楮。其东有林焉，曰莽浮之林，多美木鸟兽。

【注释】
①瘦（suān）石：一种石头，形制未详。

【译文】
再往东南五十里，有座风伯山，山上蕴藏着丰富的金属和玉石，山下蕴藏着大量的瘦石、色彩缤纷的美丽石头，以及铁。这座山上的树木以柳树、杻树、檀树、构树居多。风伯山的东边有片树林，它的名字叫做莽浮林，里面有很多优良的树木和飞禽走兽。

又东一百五十里，曰夫夫之山，其上多黄金，其下多青、雄黄，其木多桑楮，其草多竹、鸡鼓。神于儿居之，其状人身而手操两蛇，常游于江渊，出入有光。

【译文】

再往东一百五十里，有座夫夫山，这座山上盛产黄金，山下盛产石青和雄黄，这山上的树以桑树、构树居多，草类以竹子、鸡鼓草为最多。神仙于儿就居住在这座山里，这神长着人的身体，手里握着两条蛇，他经常在长江的深渊中游历，出没时都有亮光。

又东南一百二十里，曰洞庭之山①，其上多黄金，其下多银铁，其木多柤、梨、橘、櫾，其草多葌、蘪芜、芍药、芎藭。帝之二女居之，是常游于江渊。澧沅之风，交潇湘之渊，是在九江之间，出入必以飘风暴雨。是多怪神，状如人而载蛇②，左右手操蛇。多怪鸟。

【注释】

①洞庭：山名，或为今之君山。在湖南岳阳附近。
②载：携带。

【译文】

再往东南一百二十里，有座洞庭山，这座山盛产黄金，山下盛产银和铁，这山上的树木以柤树、梨树、橘子树、柚子树居多，草类以兰草、蘪芜、芍药、芎藭等有芳香气味的草居多。天帝的两个女儿就住在这座山里，她们时常在长江的深渊中游历。从澧水和沅水吹来的风，在幽静的湘水渊潭上交会，这里就是九条江水汇合的中心地带，两位神女出入时都伴随着疾风暴雨。洞庭山里还居住着很多神怪，他们的样子像人，身上缠绕着蛇，两只手上也缠绕着蛇。这座山上还有很多怪鸟。

又东南一百八十里，曰暴山，其木多棕、楠、荆、芑、竹、箭、䉴、箘^①，其上多黄金、玉，其下多文石、铁，其兽多麋鹿麝，就^②。

【注释】

①箘（jùn）：一种小竹子，可以用来制作箭杆。

②就：通"鹫"，鹰一类的大猛禽。

【译文】

再往东南一百八十里，有座暴山，山上的树林以棕树、楠树、牡荆树、枸杞树和竹子、箭竹、竹䉴、箘竹居多，这座山上盛产黄金、玉石，山下则出产大量的有彩色花纹的漂亮石头和铁，这座山上的野兽以麋鹿、鹿、麝居多，山里的鸟类大都是鹫鹰一类。

又东南二百里，曰即公之山，其上多黄金，其下多瑹琈之玉，其木多柳、杻、檀、桑。有兽焉，其状如龟，而白身赤首，名曰蜼^①，是可以御火。

【注释】

①蜼（guǐ）：一种传说中的怪兽，形似龟。

【译文】

再往东南二百里，有座即公山，这座山上盛产黄金，山下盛产璂珩玉，这山上的树木以柳树、枏树、檀树、桑树为多。山里有种野兽，它的形状就像乌龟，有白色的身体和红色的脑袋，它的名字叫蜼，饲养它带在身边可以躲避火灾。

又东南一百五十九里，有尧山，其阴多黄垩，其阳多黄金，其木多荆、芑、柳、檀，其草多藷藇、茶。

【译文】

再往东南一百五十九里，有座尧山，这山的北边出产大量的黄色垩土，山的南面盛产黄金，这山上的树以牡荆树、枸杞树、柳树、檀树居多，草类以藷藇、茶草为最多。

又东南一百里，曰江浮之山，其上多银、砥砺，无草木，其兽多豕鹿。

【译文】

再往东南一百里，有座江浮山，这座山上盛产银和磨刀石，山里没有花草树木，野兽以野猪、鹿居多。

又东二百里，曰真陵之山，其上多黄金，其下多玉，其木多榖、柞、柳、杻，其草多荣草。

【译文】

再往东二百里，有座真陵山，山上盛产黄金，山下盛产玉石，这山里的树木以构树、柞树、柳树、杻树居多，草则以医治风痹病的荣草居多。

又东南一百二十里，曰阳帝之山，多美铜，其木多橿、杻、㮚、楮^①，其兽多䴢、麝。

【注释】

①㮚（yǎn）：山桑，一种野生桑树，木质坚硬可以做弓和车辕。

【译文】

再往东南一百二十里，有座阳帝山，山上到处是品质上乘的铜，山里的树木大多是橿树、杻树、山桑树、楮树，野兽以䴢和麝香鹿居多。

又南九十里，曰柴桑之山^①，其上多银，其下多碧，多泠石、赭，其木多柳芑楮桑，其兽多麋鹿，多白蛇、飞蛇^②。

【注释】

①柴桑：山名，今在江西九江附近。

②飞蛇：也就是神话里所说的螣（téng）蛇，亦作"腾

蛇"。相传能够腾云驾雾飞行。

【译文】

再往南九十里，有座柴桑山，山上盛产白银，山下盛产碧玉，山上有很多柔软的泠石和赭石，山里的树木以柳树、枸杞树、构树、桑树居多，野兽以麋鹿、鹿居多，还有很多白蛇和飞蛇。

又东二百三十里，曰荣余之山，其上多铜，其下多银，其木多柳芑，其虫多怪蛇、怪虫。

【译文】

再往东二百三十里，有座荣余山，这座山上盛产铜，山下白银储量丰富，这座山上的树木以柳树和枸杞树居多，还有很多怪蛇和怪虫。

凡洞庭山之首，自篇遇之山至于荣余之山，凡十五山，二千八百里。其神状皆鸟身而龙首。其祠：毛用一雄鸡、一牝豚刉①，糈用稌。凡夫夫之山、即公之山、尧山、阳帝之山，皆冢也，其祠：皆肆瘗②，祈用酒，毛用少牢，婴用一吉玉。洞庭、荣余山，神也，其祠：皆肆瘗，祈酒太牢祠，婴用圭璧十五，五采惠之③。

【注释】

①刉（jī）：切割的意思。

②肆：陈设，摆设。

③惠：通"绘"，描绘。

【译文】

　　洞庭山山系，从篇遇山起到荣余山止，一共有十五座，长达二千八百里。诸山山神都长着鸟的身子和龙的脑袋。祭祀这些山的礼仪如下：带毛的动物祭品用宰杀过的一只公鸡、一头母猪，祭祀的精米用稻米。夫夫山、即公山、尧山、阳帝山是诸山的宗主，祭祀这几座山的礼仪如下：先陈列牲畜、玉器，之后埋入地下，用美酒献祭，带毛的动物祭品用猪、羊二牲，祭祀的玉器要用一块吉玉。洞庭山、荣余山，是有神灵显圣的山，祭祀这两座山的礼仪如下：陈列牲畜、玉器，之后埋入地下，祭祀要用美酒和猪、牛、羊齐全的三牲，祭神的玉器用十五块玉圭十五块玉璧，用青、黄、赤、白、黑五种色彩描绘它们。

　　右中经之山，大凡百九十七山，二万一千三百七十一里。

【译文】

　　以上就是中央山脉的记录，一共有一百九十七座山，行经二万一千三百七十一里。

　　大凡天下名山五千三百七十，居地，大凡六万四千五十六里。

【译文】

　　天下名山总计共有五千三百七十座，分布在大地的东西南北中各个方位，总计长达六万四千零五十六里。

　　禹曰：天下名山，经五千三百七十山，六万四千五十六里，居地也。言其《五臧》①，盖其余小山甚众，不足记云。天地之东西二万八千里，南北二万六千里，出水者八千里，受水者八千里，出铜之山四百六十七，出铁之山三千六百九十。此天地之所分壤树谷也②，戈矛之所发也，刀铩之所起也③，能者有余，拙者不足。封于太山④，禅于梁父⑤，七十二家，得失之数⑥，皆在此内，是谓国用⑦。

【注释】

①《五臧（zàng）》：指《五臧山经》。五臧，即五脏。这里把山比作中土的五脏。臧，同"脏"。

②树：种植，培育。谷：这里泛指各种农作物。

③铩：古代一种兵器，长刃的刀矛。

④封于太山：上古帝王在泰山祭天的活动。封，上古帝王筑坛祭祀天地及四方山岳之神的活动。太山，就是泰山。

⑤禅（shàn）于梁父：是上古帝王在泰山南面的梁父山上祭地的活动。"禅"是和"封"同时进行的仪式。

⑥数：天命，命运。

⑦国用：国家的物产财富来源，即为国所用。

【译文】

　　大禹说：天下的名山，他自己经历了五千三百七十座，长度是六万四千零五十六里，这些山分布在大地东西南北中各个方向。之所以把以上的山脉记在《五藏山经》中，是因为除此之外的小山数不胜数，不能够一一列举记述。天地广大，从东方到西方总共有二万八千里，从南方到北方总共有二万六千里，有江河流出来的山是八千里，江河流经的地方八千里，其中产铜的山有四百六十七座，产铁的山有三千六百九十座。这些大山是划分疆土、种植庄稼的标准，也是天下的刀兵所产生的原因，所有武器出现的来源，有能力的人富足有余，没有能力的人贫困不足。帝王在泰山上举行祭天的礼仪，在梁父山上举行祭地的礼仪，有德行能力封禅的帝王一共有七十二家，他们的兴衰成败，都在这些山川间上演，国家财富用度也都是从这些土地上获得的。

　　右《五藏山经》五篇，大凡一万五千五百三字。

【译文】

　　以上就是《五藏山经》五篇，总计一万五千五百零三字。

卷六

海外南经

　　《海外南经》记载了在中土本部之外南部的文明，记叙的顺序由西至东。谨头国在《山海经》里也叫灌兜、鹳头、欢兜等等，不一而足，这一部族在传说中是被流放的部族，有人认为是帝尧长子丹朱的后代，在和舜帝的斗争中失败。三苗部族也是南方有名的部族，后来也在舜帝时遭到惩罚。《史记·五帝本纪》中记载："舜归而言于帝（尧），请流共工于幽陵，以变北狄；放谨兜于崇山，以变南蛮；迁三苗于三危，以变西戎；殛鲧于羽山，以变东夷：四罪而天下咸服。"

　　羿与凿齿战于寿华之野也是中国古代英雄神话的重要一篇。传说尧帝时十日并出，植物枯死，凿齿、猰貐、九婴、大风、封豨、修蛇等猛兽长蛇为害人间，羿射落九日，射杀猛兽长蛇，为民除害。

　　此外值得注意的是帝尧和帝喾都葬在海外的狄山，这表明南方可能也是中华文明早期较发达的地区。

地之所载，六合之间①，四海之内，照之以日月，经之以星辰，纪之以四时，要之以太岁。神灵所生，其物异形，或夭或寿，唯圣人能通其道。

【注释】

①六合：指东南西北四方加上下。

【译文】

凡是大地负载的，天地四方之间，四海以内，有日月光辉照耀着，有无数星辰运行着，用春夏秋冬四个季节来记载，用木星的运行轨迹来记年。大凡神灵所生的万物，这些生物有不同的形体，有的早亡，有的长寿，只有那些品德高尚智慧高超的人才能通晓其中的道理。

海外自西南陬至东南陬者①。

【注释】

①陬（zōu）：犹"隅"，角落。

【译文】

海外从西南角到东南角的国家、山川、物产如下所述。

结匈国在其西南，其为人结匈①。

【注释】

①结匈：结胸可能就是现在所说的鸡胸，是一种畸形。匈，"胸"的古字。

【译文】

结匈国在西南面，国中的人长着像鸡胸一样尖锐凸出的胸骨。

南山在其东南。自此山来，虫为蛇，蛇号为鱼。一曰南山在结匈东南①。

【注释】

①一曰南山在结匈东南：凡经中"一曰"云云者，皆后人校经时附著所见异文，原来当为小字，在郭璞做注时变为大字混入经文。

【译文】

南山在它东南面。从这座山出来的人，把虫叫做蛇，把蛇叫做鱼。有一种说法认为南山在结胸国东南。

比翼鸟在其东，其为鸟青、赤，两鸟比翼。一曰在南山东。

【译文】

比翼鸟在它东面，这种鸟的羽毛青红相间，只有两只鸟的翅膀配合才能飞翔。还有一种说法认为比翼鸟在南山东边。

羽民国在其东南，其为人长头，身生羽。一曰在比翼鸟东南，其为人长颊①。

①颊（jiá）：面颊，脸两侧的部位。

【译文】

羽民国在它东南，国中的人脑袋很长，遍体生满羽毛。另有一种说法认为羽民国在比翼鸟东南，那里的人有着长长的面颊。

有神人二八，连臂，为帝司夜于此野①。在羽民东。其为人小颊赤肩。

【注释】

①司夜：守候管理夜晚。司，管理。

【译文】

有个神人叫二八，他的两条手臂是连在一起的，在一片旷野中为天帝守夜。这神人在羽民国东边，那里的人有狭小的脸颊和红色的肩膀。

毕方鸟在其东，青水西，其为鸟一脚。一曰在二八神东。

【译文】

毕方鸟在它东边，青水的西面，这种鸟只有一只脚。还有一种说法认为毕方鸟在二八神人以东。

讙头国在其南①，其为人人面有翼，鸟喙，方捕鱼。一曰在毕方东。或曰讙朱国。

【注释】

①讙（huān）头：就是所说的䤴头、讙朱、丹朱等等。
　可能都是指帝尧的长子丹朱一系，被放逐于南方。

【译文】

讙头国在它南面，国中的人长了一张人的面孔却有两只翅膀，还有张鸟嘴，正在捕鱼。还有种说法认为讙头国在毕方鸟以东。也有人认为讙头国也叫讙朱国。

厌火国在其国南，兽身黑色，火出其口中。一曰在讙朱东。

【译文】

厌火国在它南面，国中的人长着野兽般的身子，全身是黑色的，火从他们的嘴里吐出来。一种说法认为厌火国在讙朱国东边。

三珠树在厌火北，生赤水上，其为树如柏，叶皆为珠。一曰其为树若彗①。

【注释】

①为树若彗：树的形状像扫把一样。彗，彗星，俗称扫把星，拖着一条尾巴像扫把。

三珠树在厌火国北边，赤水边上，树的样子和柏树差不多，叶子都是珍珠。还有一种说法认为珠树的样子像扫把。

三苗国在赤水东①，其为人相随②。一曰三毛国。

【注释】

①三苗：传说尧欲传位于舜，三苗不服，尧杀其首领，迁民于三危。

②为人相随：人们彼此排队跟随，似乎要远徙的样子。

【译文】

三苗国在赤水东边，国中人彼此跟随着结伴行走。还有种说法认为三苗国也叫三毛国。

戴国在其东①，其为人黄，能操弓射蛇。一曰戴国在三毛东。

【注释】

①戴（zhì）国：传说中的国名。

【译文】

戴国在它东面，国中的人皮肤是黄色的，能开弓射箭射中蛇。另一种说法认为戴国在三毛国的东面。

贯匈国在其东，其为人匈有窍①。一曰在戴国东。

【注释】

①窍：孔，洞。

【译文】

贯胸国在它东边，国中的人胸膛上有一个洞。还有一种说法认为贯胸国在载国东边。

交胫国在其东①，其为人交胫。一曰在穿匈东②。

【注释】

①交胫（jìng）：胫是人的小腿，交胫就是小腿相交。

②穿匈：即贯匈。匈，同"胸"。

【译文】

交胫国在它东面，国中的人小腿是互相交叉着的。另一种说法认为交胫国在穿胸国东面。

不死民在其东，其为人黑色，寿，不死。一曰在穿匈国东。

【译文】

不死民在它东边，国中的人全身是黑色的，都很长寿，不会死。还有一种说法认为不死民在穿胸国东边。

反舌国在其东，其为人反舌①。一曰支舌国，在不死民东。

①反舌：舌尖伸向咽喉，舌根朝外。

【译文】

反舌国在它东面，国中的人舌根在前、舌尖伸向咽喉。还有一种说法认为叫支舌国，在不死民东面。

昆仑虚在其东，虚四方①。一曰在反舌东，为虚四方。

【注释】

①虚：这里指山脚、山基。

【译文】

昆仑山在它的东面，山脚是四方形的。还有一种说法认为，昆仑山在反舌国东边，山基是四方形的。

羿与凿齿战于寿华之野①，羿射杀之。在昆仑虚东。羿持弓矢，凿齿持盾。一曰持戈。

【注释】

①凿齿：传说中的人物。其齿如凿，长五六尺。

【译文】

羿与凿齿在寿华的郊外厮杀，羿射死了凿齿。那个地方就在昆仑山以东。羿手执弓箭，凿齿手执盾牌。也有说法认为凿齿拿的是戈。

三首国在其东，其为人一身三首。一曰在凿齿东。

【译文】

三首国在它东边，国中的人有一个身体和三个脑袋。还有一种说法认为在凿齿的东边。

周饶国在其东，其为人短小，冠带^①。一曰焦侥国在三首东^②。

【注释】

①冠带：戴帽子系衣带，一般来说是文明的象征。
②焦侥国：就是周饶国，"焦侥"、"周饶"都是"侏儒"的转声，意思是身材短小。

【译文】

周饶国在它东面，国中的人身材都比较矮小，戴着帽子系着腰带很文明。还有一种说法认为周饶国在三首国东面。

长臂国在其东，捕鱼水中，两手各操一鱼。一曰在焦侥东，捕鱼海中。

【译文】

长臂国在它东边，那里有人在水中捕鱼，两只手各抓一条鱼。另外还有一种说法认为长臂国在焦侥国以东，国中的人在大海中捕鱼。

狄山，帝尧葬于阳，帝喾葬于阴①。爰有熊、罴、文虎、蜼、豹、离朱、视肉②。吁咽、文王皆葬其所③。一曰汤山。一曰爰有熊、罴、文虎、蜼、豹、离朱、鸱久、视肉、虖交④。

【注释】

①帝喾（kù）：传说中的上古帝王。

②离朱：可能是神话中的三足鸟，与乌鸦相似。视肉：传说中的怪兽，形如牛肝有眼睛，割去它的肉可以重新生长出来。

③吁咽、文王：吁咽可能是指虞舜，文王则是周文王姬昌。

④鸱久：即前文中"鸱鹠"一类的鸟。

【译文】

有座狄山，唐尧就葬在这山南面，帝喾则葬在山的北面。这山上有熊、罴、花纹虎、长尾猿、豹、三足鸟、视肉兽。吁咽和文王也是埋葬在这里的。还有一种说法认为狄山也叫汤山。那里有熊、罴、花纹虎、长尾猿、豹子、离朱鸟、鸱久、视肉兽、虖交。

有范林方三百里。

【译文】

有一片方圆三百里的范林。

南方祝融，兽身人面，乘两龙。

【译文】

南方神祝融，有野兽的身子和人的面孔，乘驾着两条龙。

卷七

海外西经

　　《海外西经》记载了海外从西南到西北的文明、物产和神话传说。《海外西经》记载了刑天的传说，这是该神话的第一次出现。大诗人陶渊明在《读〈山海经〉》一诗里称赞刑天的精神："刑天舞干戚，猛志固常在。"

　　此外，夏后启出现在《海外西经》，似乎也与夏族为西方诸侯的传说相印证。对比前文的帝尧、帝喾葬在南方，以及下文的帝舜、颛顼葬在北方，就可以对上古帝王的部族背景进行合理的推测。

　　女丑在《大荒东经》有记载，在《海外西经》中出现了她的尸体以及她被十日灼杀的记载，这应该也是有系统的神话，可惜现在散落湮灭了。巫咸也是古代神话和历史典籍中经常出现的名字。此外，现在被认为是东北地区少数民族的肃慎却出现在了《海外西经》，这一现象是值得我们深入思考的。

海外自西南陬至西北陬者。

【译文】

海外从西南角到西北角的国家、山川、物产如下所述。

灭蒙鸟在结匈国北，为鸟青，赤尾。

【译文】

灭蒙鸟在结胸国北边，那种鸟的羽毛是青色的，尾巴是红色的。

大运山高三百仞，在灭蒙鸟北。

【译文】

大运山高三百仞，在灭蒙鸟北边。

大乐之野，夏后启于此儛《九代》①，乘两龙，云盖三层。左手操翳②，右手操环，佩玉璜③。在大运山北。一曰大遗之野。

【注释】

①夏后启于此儛：夏后启就是夏朝的开国君主夏启，大禹的儿子。

②翳（yì）：用羽毛装饰的伞盖，是一种仪仗。

③璜（huáng）：一种半圆形的玉器，是一种礼器。

【译文】

大乐野，是夏后启观看乐舞《九代》的地方，夏后启驾两条龙，有三重云雾在他的头上作为伞盖。他左手握一只华盖，右手拿一只玉环，腰间佩戴一块玉璜。大乐野在大运山北边。还有一种说法认为夏后启观看《九代》乐舞的地方是大遗野。

三身国在夏后启北，一首而三身。

【译文】

三身国在夏后启北边，国中的人长着一个脑袋和三个身子。

一臂国在其北，一臂、一目、一鼻孔。有黄马虎文，一目而一手。

【译文】

一臂国在三身国北边，国中的人只有一条胳膊、一只眼睛和一个鼻孔。那里还有一种黄色的马，这马身上有老虎的斑纹，只有一只眼睛和一只手。

奇肱之国在其北^①，其人一臂三目，有阴有阳，乘文马^②。有鸟焉，两头，赤黄色，在其旁。

【注释】

①奇肱（jīgōng）：一只胳膊。奇，单个的。肱，上臂，手臂由肘到肩的部分，这里指代整个手臂。

②文马：就是下文所谓的吉良马，白身子红鬃毛，眼睛金色。

【译文】

奇肱国在一臂国北边，国中的人只有一条胳膊和三只眼睛，眼睛分阴阳，阴眼在上，阳眼在下，都骑着有花纹的吉良马。那里有种鸟，这鸟有两个脑袋，身体是红黄色，栖息在人身边。

刑天与帝争神①，帝断其首，葬之常羊之山。乃以乳为目，以脐为口，操干戚以舞②。

【注释】

①刑天：神话中没有脑袋的神。

②干：盾。戚：斧。

【译文】

刑天与天帝争夺神位，天帝砍断了刑天的头，把他的头埋在常羊山。刑天就以乳头为眼睛，以肚脐为嘴巴，一手持盾牌一手舞动大斧继续作战。

女祭、女戚在其北，居两水间。戚操鱼鲻①，祭操俎②。

①觛（dàn）：古代一种圆形的小酒器。

②俎（zǔ）：古代祭祀时放祭品的礼器。

【译文】

有两个女巫叫祭和戚，她们在刑天北边，住在两条河流中间。女巫戚手里拿着一只小酒杯，女巫祭手里捧着一只俎。

鸾鸟、鹯鸟①，其色青黄，所经国亡。在女祭北。鸾鸟人面，居山上。一曰维鸟，青鸟、黄鸟所集。

【注释】

①鸾（cì）鸟：鸟名。鹯（zhān）鸟：鸟名。

【译文】

鸾鸟和鹯鸟，颜色都是青中带黄，它们经过的国家都会灭亡。它们的栖息地在女巫祭的北面。鸾鸟长着人一样的面孔，栖息山上。还有一种说法认为这两种鸟在一起称为维鸟，是青鸟和黄鸟聚集在一起的混称。

丈夫国在维鸟北，其为人衣冠带剑。

【译文】

丈夫国在维鸟北边，国中的人都穿衣戴帽腰佩宝剑。

女丑之尸，生而十日炙杀之①。在丈夫北。以右手鄣其面②。十日居上，女丑居山之上。

【注释】

①炙（zhì）：炙烤。

②鄣（zhāng）：同"障"，遮挡，遮掩。

【译文】

有女丑的尸体，她生前被十个太阳的热气活活炙烤而死。她的尸体在丈夫国北边，尸体的右手遮住脸。十个太阳高高挂在尸体上方的天空，女丑的尸体就在山顶。

巫咸国在女丑北①，右手操青蛇，左手操赤蛇。在登葆山，群巫所从上下也。

【注释】

①巫咸国：由一群巫师所组织的国家。

【译文】

巫咸国在女丑尸体北边，国中的人右手握一条青蛇，左手握一条红蛇。有座登葆山，是众巫师来往于天界与人间的通道。

并封在巫咸东，其状如彘①，前后皆有首，黑。

【注释】

①彘（zhì）：猪。

【译文】

并封兽在巫咸国东边，它的形状和猪差不多，前后两端都有脑袋，全身黑色。

女子国在巫咸北，两女子居，水周之^①。一曰居一门中。

【注释】
①周：环绕。

【译文】
女子国在巫咸国北边，有两个女子住在这，四周都被水环绕。还有一种说法认为她们住在一道门里面。

轩辕之国在此穷山之际，其不寿者八百岁。在女子国北，人面蛇身，尾交首上。

【译文】
轩辕国在穷山边上，国中的人就是寿命短的也能活到八百岁。轩辕国在女子国北边，他们长着人的面孔和蛇的身体，尾巴盘绕在头顶上。

穷山在其北，不敢西射，畏轩辕之丘。在轩辕国北，其丘方，四蛇相绕。

【译文】
穷山在轩辕国北边，人们拉弓射箭不敢朝着西方，因为畏惧黄帝威灵所在的轩辕丘。轩辕丘在轩辕国北边，丘是方形的，有四条蛇围绕着轩辕丘。

诸沃之野，沃民是处，鸾鸟自歌，凤鸟自舞。凤皇卵，民食之；甘露，民饮之，所欲自从也^①。百兽相与群居。在四蛇北。其人两手操卵食之，两鸟居前导之。

【注释】

①所欲自从：即心想事成。

【译文】

有个叫沃野的地方，沃野的人民住在那里，鸾鸟在那里自由自在地歌唱，凤鸟在那里自由自在地舞蹈。居民们吃凤凰生下的蛋，饮用天上降下的甘露，凡是所想要的东西都能随意获得。各种野兽在那里一起混杂居住。沃野在四条蛇北面，国中的人用双手捧着凤凰蛋吃，有两只鸟在他们身前引导。

龙鱼陵居在其北，状如鲤。一曰鰕^①。即有神圣乘此以行九野^②。一曰鳖鱼在沃野北，其为鱼也如鲤。

【注释】

①鰕（xiā）：就是体型大的鲵（ní）鱼，叫声如同小孩啼哭，俗称娃娃鱼。

②九野：九州的土地。

【译文】

在水中和山陵中都能居住的龙鱼在沃野北边，龙鱼的形状就像鲤鱼。还有一种说法认为龙鱼像鰕鱼。有神人骑着它遨游在九州的原野上。有一种说法认为鳛鱼在沃野北面，这种鱼的形状和鲤鱼相似。

白民之国在龙鱼北，白身被发①。有乘黄，其状如狐，其背上有角，乘之寿二千岁。

【注释】

①被（pī）发：披发。

【译文】

白民国在龙鱼北边，国中之人皮肤白皙披散着头发。白民国有种野兽叫乘黄，形状像狐狸，它的背上有角，骑上它就能有两千年的长寿。

肃慎之国在白民北①，有树名曰雒棠，圣人代立，于此取衣②。

【注释】

①肃慎：国名。我国商周时东北地区有肃慎国，与本文所言不同。

②圣人代立，于此取衣：中原地区有英明的帝王出现，雒棠树就会生长出一种树皮，肃慎国的人就用这树皮做成衣服穿。

【译文】

肃慎国在白民国北面。那里有种树叫雒棠树，中原地区有圣明的天子出现，那里的人就会用雒棠树的树皮来做衣服。

长股之国在雒棠北，被发。一曰长脚。

【译文】

长股国在雒棠树北边，国中人都披散着头发。一种说法认为长股国叫长脚国。

西方蓐收①，左耳有蛇，乘两龙。

【注释】

①蓐收：传说中主西方之神。

【译文】

西方神蓐收，左耳挂着一条蛇，乘着两条龙飞行。

卷八

海外北经

《海外北经》记载了中土本土以北的文明，记叙的顺序是由西向东。

锺山之神烛阴在《大荒北经》中被称为烛龙，位置在西北海外，与《海外北经》的记载可相印证。关于共工之臣相柳氏被大禹所杀的神话应该是大禹治水神话的一个片段，这个神话呈现了人和超自然的力量进行斗争的场面。

夸父逐日的神话是《海外北经》最重要的神话，夸父在全书里有两种面目，一种是野兽名，一种是人名，需要综合起来考虑。这个逐日的夸父可能是以夸父兽为图腾的一个氏族的领袖。务隅山是颛顼帝的葬所，其地靠近北海，也就是渤海沿岸，这与下文颛顼帝是由东夷抚养长大的记载可相印证，说明五帝可能是出于不同的部族。而关于欧丝之野的记载则再次表明我国丝织业的悠久历史。

海外自西北陬至东北陬者。

【译文】

海外从西北角到东北角的国家、山川、物产如下所述。

无启之国在长股东①，为人无启。

【注释】

①无启：没有后代。传说无启国的人心脏不会腐朽，他们死后一百二十年又可以重新化成人，所以不需要生育。

【译文】

无启国在长股国的东面，国中的人并不繁衍子孙后代。

锺山之神，名曰烛阴，视为昼，瞑为夜①，吹为冬，呼为夏，不饮，不食，不息，息为风，身长千里。在无启之东。其为物，人面，蛇身，赤色，居锺山下。

【注释】

①瞑：瞑目，闭眼。

【译文】

锺山的神名叫烛阴，他睁开眼睛就是白天，闭上眼睛就是黑夜，一吹气便是冬天，一呼气就是夏天，他既不喝水也不吃东西，也不呼吸，一呼吸就成了风，他的身体足有一千里长。这烛阴神在无启国的东边。他的面孔和人的一样，身子和蛇的一样，通体赤红色，就住在锺山脚下。

一目国在其东，一目中其面而居。一曰有手足。

【译文】
一目国在锺山东面，国中的人长着一只眼睛，眼睛在脸的正中间。还有一种说法认为他们像普通人一样有手有脚。

柔利国在一目东，为人一手一足，反踵①，曲足居上②。一云留利之国，人足反折。

【注释】
①反踵：膝盖骨长在后面。踵，古"膝"字。
②曲足居上：足弓长在脚背上，脚尖上翘。

【译文】
柔利国在一目国的东边，国中的人只有一只手一只脚，膝盖长在后面，脚背比脚尖低。还有一种说法认为柔利国也叫留利国，国中人的脚是反折着的。

共工之臣曰相柳氏①，九首，以食于九山。相柳之所抵，厥为泽谿②。禹杀相柳，其血腥，不可以树五谷种。禹厥之，三仞三沮③，乃以为众帝之台。在昆仑之北，柔利之东。相柳者，九首人面，蛇身而青。不敢北射，畏共工之台。台在其东。台四方，隅有一蛇④，虎色，首冲南方⑤。

【注释】

①相柳氏：即相繇氏，见下文。

②厥：通"掘"，挖掘。这里是指相柳氏身躯庞大，所过之处地表都被破坏。

③三仞（rèn）三沮（jǔ）：三是约数，表示次数众多，副词。仞，通"牣"，用东西填充。沮，败坏。这里指地面塌陷。

④隅：角落。

⑤冲：向着。

【译文】

共工的臣子叫相柳氏，有九个头，在九座山上觅食。相柳氏所经过的地方，都会被挖掘成沼泽和溪流。大禹杀死了相柳氏，相柳氏的血流过的地方土地就会变得腥臭，不能再种植五谷。大禹只好挖了这里的土用别处的土填塞，结果填几次就塌陷几次，后来就把挖出来的泥土为众帝建造了帝台。这些帝台在昆仑以北，柔利国的东边。相柳氏长着九个脑袋，每只脑袋上都长着人的面孔，他有蛇的身体，身体是青色的。射箭的人不敢向北方射，是因为敬畏共工威灵所在的共工台。共工台在相柳东面，台是方形的，每个角上都有一条蛇，蛇身上的斑纹和老虎的差不多，脸朝着南方。

深目国在其东，为人深目，举一手。一曰在共工台东。

【译文】

深目国在相柳氏东边，国中的人眼眶很高，眼睛深深陷在眼窝里，总是举着一只手。一种说法是深目国在共工台的东面。

无肠之国在深目东，其为人长而无肠。

【译文】

无肠国在深目国东边，国中的人身形高大，肚子里没有肠子。

聂耳之国在无肠国东①，使两文虎②，为人两手聂其耳。县居海水中③，及水所出入奇物④。两虎在其东。

【注释】

①聂（shè）：通"摄"，拿捏，持握。
②文虎：身上有花纹的老虎。
③县居：独自居住。县，是孤单无所依托的意思。
④及：通"极"，极尽之意。

【译文】

聂耳国在无肠国东边，国中的人都能够驱使两只有花纹的虎，都用手托着自己的两只大耳朵。聂耳国孤悬在海外的岛屿上，能看到所有海里出产的怪物。有两只老虎在聂耳国东面。

夸父与日逐走^①，入日。渴欲得饮，饮于河渭，河渭不足，北饮大泽。未至，道渴而死。弃其杖，化为邓林^②。

【注释】

①逐：竞争。

②邓林：即《中山经》所言桃林。在今河南灵宝西南。

【译文】

夸父追赶太阳，渐渐追上了太阳。这时夸父很渴想要喝水，于是就到黄河和渭河去喝水，夸父喝干了两条河的水还不解渴，又想去喝北边大沼泽的水，还没跑到就渴死在半路上了。他死时所扔掉的拐杖变成了邓林。

夸父国在聂耳东，其为人大，右手操青蛇，左手操黄蛇。邓林在其东，二树木。一曰博父。

【译文】

夸父国在聂耳国的东面，国中的人都身形高大，右手捏着条青蛇，左手捏着条黄蛇。邓林在夸父国的东面，实际上树林只由两棵树冠非常大的树木组成。还有另一种说法认为夸父国叫博父国。

禹所积石之山在其东，河水所入。

【译文】

禹所积石山在博父国东面，是黄河流过的地方。

拘瘿之国在其东^①，一手把瘿。一曰利瘿之国。

【注释】

①瘿（yǐng）：一种疾病，因细胞增生形成的囊状赘生物，多为肉质，长在脖子上。

【译文】

拘瘿国在禹所积石山东边，国中的人用一只手托着脖子上的肉瘤。一种说法认为拘瘿国叫利瘿国。

寻木长千里，在拘瘿南，生河上西北。

【译文】

有种高达千里的树，叫做寻木，寻木就在拘瘿国南面，生长在黄河西北边。

跂踵国在拘瘿东^①，其为人两足皆支。一曰反踵^②。

【注释】

①跂踵（qìzhǒng）：走路时脚跟不着地。跂，翘起。

②反踵：脚是反着长的，脚跟在前脚尖在后。

【译文】

跂踵国在拘缨国的东面，这里的人走路双脚都不着地。还有一种说法认为跂踵国叫反踵国。

欧丝之野在反踵东，一女子跪据树欧丝①。

【注释】

①据：倚靠。欧：同"呕"，吐出。

【译文】

欧丝野在反踵国的东边，在那里有一女子跪倚着桑树在吐丝。

三桑无枝，在欧丝东，其木长百仞，无枝。

【译文】

有三棵没有枝干的桑树生长在欧丝野的东边，这种树虽高达百仞，却没有树枝。

范林方三百里，在三桑东，洲环其下①。

【注释】

①洲：水中的小块陆地。环：绕。

【译文】

范林方圆三百里，在三棵桑树东边，范林下面有沙洲环绕。

务隅之山，帝颛顼葬于阳①，九嫔葬于阴②。一曰爰有熊、罴、文虎、离朱、鸱久、视肉。

【注释】
①阳：山的南面和水的北岸为阳。
②嫔：宫廷内的女官。阴：山的北面和水的南岸为阴。
【译文】
有座务隅山，颛顼帝就埋葬在山的南面，他的九个嫔妃埋葬在山的北面。一种说法认为这里有熊、罴、文虎、离朱鸟、鸱久、视肉兽。

平丘在三桑东，爰有遗玉、青马、视肉、杨柳、甘柤、甘华，百果所生。在两山夹上谷，二大丘居中，名曰平丘。

【译文】
平丘在三棵桑树东边。这里有遗玉、青马、视肉兽、杨柳树、甘柤树、甘华树，各种果树都生长在这里。在两座山之间的一道山谷里有两个大的土丘，叫做平丘。

北海内有兽，其状如马，名曰騊駼①。有兽焉，其名曰駮，状如白马，锯牙，食虎豹。有素兽焉，状如马，名曰蛩蛩②。有青兽焉，状如虎，名曰罗罗。

【注释】

①駒駼（táotú）：一种野马。

②蛩蛩（qióng）：一种白色的像马模样的兽类。

【译文】

北海内有种野兽，形状像马一般，名叫駒駼。有种野兽名叫駮，形状像白马，长着锯齿般的牙齿，吃老虎和豹子。还有一种白色的野兽，形状像马，名字叫蛩蛩。还有一种青色的野兽，形状像老虎，名字叫罗罗。

北方禺彊①，人面鸟身，珥两青蛇②，践两青蛇。

【注释】

①禺彊（qiáng）：即玄冥，就是水神。

②珥（ěr）两青蛇：即以青蛇贯耳。珥，在耳朵上穿挂饰品。

【译文】

北方神禺彊，长着人的面孔和鸟的身子，耳朵上挂着两条青蛇，脚底下还踩踏着两条青蛇。

卷九

海外东经

《海外东经》的记载从南到北。关于九尾狐狸的记载在齐地和朝鲜一直盛行，关于狐仙的形象一直是东夷文化的重要组成部分。而竖亥步测大地的传说则明白无误地印证了先民们进行地理观测的活动，我国的数学和天文历法向来发达，这都是出于实践活动的需要。

扶桑、汤谷和十个太阳的传说也是古代神话系统的重要组成部分，其中包括了羲和神话，木公金母神话，可能还涉及一些三山神话，是自然神话的重要组成部分，但是其中的细节也没有流传下来，这是很可惜的。《山海经》一直是后世文学的重要思路来源，比如《海外东经》里描述的君子国，在后世的《镜花缘》中就有体现。

海外自东南陬至东北陬者。

【译文】

海外从东南角到东北角的国家、山川、物产如下所述。

磋丘①，爰有遗玉、青马、视肉、杨桃、甘柤、甘华，百果所生。在东海，两山夹丘，上有树木。一曰嗟丘。一曰百果所在，在尧葬东。

【注释】

①磋（jiè）丘：地名。

【译文】

磋丘，这里有遗玉、青马、视肉兽、杨桃树、甘柤树、甘华树，生长着甜美果子的树就生长在这地方。在东海，两座山夹着磋丘，磋丘上面有树木。另一种说法认为磋丘也叫嗟丘。还有一种说法认为磋丘是各种果树生长的地方，在帝尧葬地的东面。

大人国在其北，为人大，坐而削船①。一曰在磋丘北。

【注释】

①削（shāo）船：划船，行船。削，通"梢"，梢是长竿。

【译文】

大人国在它的北面，那里的人极为高大，坐在船上撑船。一种说法认为大人国在螯丘的北边。

奢比之尸在其北，兽身、人面、大耳，珥两青蛇①。一曰肝榆之尸在大人北。

【注释】

①珥（ěr）：在耳朵上穿挂饰品。

【译文】

奢比尸在大人国的北边，他有野兽的身子人的面孔，耳朵很大，耳朵上穿挂着两条青蛇。还有一种说法认为肝榆尸在大人国的北边。

君子国在其北，衣冠带剑①，食兽，使二文虎在旁，其人好让不争②。有薰华草，朝生夕死。一曰在肝榆之尸北。

【注释】

①衣冠：穿衣服戴帽子。

②好（hào）：喜欢。

【译文】

君子国在奢比尸的北边，君子国的人穿衣戴帽腰间佩剑，吃野兽，听候使唤的两只有花纹的老虎在他们身边，君子国的人喜欢谦让而不喜欢争斗。君子国有一种薰华草，这种草早晨开花傍晚花朵就凋谢了。还有一种说法认为君子国在肝榆尸的北边。

虹虹在其北①，各有两首。一曰在君子国北。

【注释】

①虹虹（hóng）：虹霓。据古人的分类，颜色鲜艳的
  虹为雄，称为虹；颜色暗淡为雌，称为霓。

【译文】

虹虹国在君子国的北面，国中的人长有两个脑袋。一
种说法认为虹虹国在君子国的北边。

朝阳之谷，神曰天吴，是为水伯。在虹虹北两
水间。其为兽也，八首人面，八足八尾，背青黄。

【译文】

在朝阳谷有个神叫天吴，他就是传说中的水伯。天吴
住在虹虹国北面两条河流的中间。他是野兽的样子，长着
八个脑袋，每个脑袋上都长着人脸，他有八只脚八条尾巴，
背部的颜色青中带黄。

青丘国在其北，其人食五谷，衣丝帛。其狐四
足九尾。一曰在朝阳北。

【译文】

青丘国在天吴的北面，这里的人吃五谷，穿丝帛。青
丘国出产一种狐狸，长着四只脚和九条尾巴。还有一种说
法认为青丘国在朝阳谷的北边。

帝命竖亥步^①，自东极至于西极，五亿十选九千八百步^②。竖亥右手把算^③，左手指青丘北。一曰禹令竖亥。一曰五亿十万九千八百步。

【注释】

①竖亥：传说中一个走得很快的人，为大禹的臣子。
　步：用脚步丈量土地。
②选（suàn）：就是万，量词。
③算：古代计数用的筹码，长六寸。

【译文】

天帝命令竖亥用脚步测量大地的长度，结果从大地的最东端到最西端，一共是五亿十万零九千八百步。竖亥右手持算筹，左手指向青丘国的北面。一种说法认为是大禹命令竖亥测量大地的。一种说法认为测量的结果是五亿十万零九千八百步。

黑齿国在其北，为人黑齿，食稻啖蛇^①，一赤一青，在其旁。一曰在竖亥北，为人黑齿，食稻使蛇，其一蛇赤。

【注释】

①啖（dàn）：吞吃。

【译文】

黑齿国在它的北面，那里的人牙齿是黑的，吃稻米也吃蛇，有一条红蛇和一条青蛇在身旁。还有一种说法认为黑齿国在竖亥的北边，那里的人是黑牙齿，吃稻米，能够驱使蛇，所驱使的蛇中有一条是红色的。

下有汤谷①。汤谷上有扶桑②，十日所浴，在黑齿北。居水中，有大木，九日居下枝，一日居上枝。

【注释】

①汤谷：也作旸谷，地名。

②扶桑：东方的神木。

【译文】

黑齿国的下面有汤谷。汤谷有一棵扶桑树，是十个太阳洗澡的地方，就在黑齿国的北边。在浩瀚的海水中间有一棵高大的树木，十个太阳中有九个在树的下枝休息，还有一个停在树的上枝。

雨师妾（国）在其北，其为人黑，两手各操一蛇，左耳有青蛇，右耳有赤蛇。一曰在十日北，为人黑身人面，各操一龟。

【译文】

雨师妾国在汤谷的北边。国中的人皮肤都是黑色的，左右两手各握着一条蛇，左边耳朵上穿挂着一条青蛇，右边耳朵上穿挂着一条红蛇。还有一种说法认为雨师妾国在十个太阳的北面，那里的人身体是黑色的，有人的面孔，两只手各托着一只龟。

玄股之国在其北，其为人股黑^①，衣鱼食躯^②，两鸟夹之。一曰在雨师妾（国）北。

【注释】

①股：大腿。

②衣：穿。鱼：用鱼皮做的衣服。躯（ōu）：也作鸥，一种海鸟。

【译文】

玄股国在它的北面，国中的人大腿是黑色的，穿着鱼皮做的衣服吃海鸥，有两只听从驱使的鸟在他们身边。有一种说法认为玄股国在雨师妾国的北边。

毛民之国在其北，为人身生毛。一曰在玄股北。

【译文】

毛民国在玄股国的北面，国中的人全身长毛。还有一种说法认为毛民国在玄股国的北边。

劳民国在其北，其为人黑，食果草实也。有一鸟两头。或曰教民。一曰在毛民北，为人面目手足尽黑。

【译文】

劳民国在毛民国的北面，国中的人身体是黑色的，他们拿野果和草做食物。这里还有种有两个头的鸟。有人把劳民国称为教民国。还有一种说法认为劳民国在毛民国的北面，国中的人脸面、眼皮、手脚都是黑的。

　　东方句芒^①，鸟身人面，乘两龙。

【注释】

①句（gōu）芒：神话中掌管东方的木神。

【译文】

东方的句芒神，长着鸟的身子人的面孔，乘着两条龙。

　　建平元年四月丙戌^①，待诏太常属臣望校治^②，侍中光禄勋臣龚、侍中奉车都尉光禄大夫臣秀领主省^③。

【注释】

①建平元年：公元前6年。建平为汉哀帝刘欣的年号。

②待诏太常属臣望：疑是丁望。

③龚：王龚。秀：刘歆，在建平元年改名为刘秀。刘向　之子，西汉末著名的学者。

【译文】

　　建平元年四月丙戌日，待诏太常属臣（丁）望校治，侍中光禄勋臣（王）龚、侍中奉车都尉光禄大夫臣（刘）秀领主省。

卷十

海内南经

《海内南经》按照从东到西的顺序，记述了从海内的东南角到西南角的山川、国家、植被、动物和相关的神话传说。记载的范围涵盖了从今天的浙江到福建、广东乃至于今天西北地区的广袤领土。

《海内南经》的很多记载，比如关于瓯、闽、番禺的记载，都可与这些地区现有的称呼互相印证，这充分表明早在先秦时代，中华文明已经在闽越、岭南一带生根发芽。关于夏后启之臣孟涂在巴地受理诉讼的记载，可能与远古的巴文明和三星堆文化有某种内在联系。

《海内南经》还记载了诸如狌狌、犀牛这样的物产，尽管是否就是现在同名的物种尚未可知，却表明西北地区的气候可能曾经十分潮湿温暖。《海内南经》还记载了巴蛇食象的传说，这应该就是"人心不足蛇吞象"这一说法的来源。

总体说来，《海内南经》的记载在诸经当中仍属相对写实的。

海内东南陬以西者。

【译文】

海内东南角以西的国家、山川、物产如下所述。

瓯居海中①。闽在海中②，其西北有山。一曰闽中山在海中。

【注释】

①瓯（ōu）：古地名，在今浙江温州一带。
②闽：古地名，今指福建福州一带。

【译文】

瓯在海中。闽也在海中，闽的西北有座山。也有说法认为闽中山在海中央。

三天子鄣山在闽西海北①。一曰在海中。

【注释】

①三天子鄣（zhāng）：山名，其地大约在今安徽境内。

【译文】

三天子鄣山在闽的西边，海的北方。另一种说法认为三天子鄣山也在海里。

桂林八树在番隅东①。

①番（pān）隅：古地名，今广东有番禺市。

【译文】

由八棵巨大的桂树组成的树林在番隅的东面。

伯虑国、离耳国、雕题国、北朐国皆在郁水南①。郁水出湘陵南山。一曰相虑。

【注释】

①雕题：雕画其额。题，额头。北朐：传说中的国名。

【译文】

伯虑国、离耳国、雕题国、北朐国都在郁水的南边。郁水发源于湘陵的南山。还有一种说法认为伯虑国应该叫相虑国。

枭阳国在北朐之西。其为人人面长唇，黑身有毛，反踵，见人则笑，左手操管。

【译文】

枭阳国在北朐国的西面。那里的人长着人的面孔，嘴唇很长，皮肤的颜色是黑色，浑身有长毛，脚跟在前脚尖在后，一看见人就笑，左手拿着一根竹筒。

兕在舜葬东①，湘水南，其状如牛，苍黑，一角。

【注释】

①兕（sì）：犀牛。

【译文】

兕在帝舜墓地的东面，在湘水的南边。兕的形状和一般的牛差不多，通体青黑色，长着一只角。

苍梧之山①，帝舜葬于阳，帝丹朱葬于阴②。

【注释】

①苍梧之山：疑即九嶷山。在今湖南宁远南。

②丹朱：帝尧之子。

【译文】

苍梧山，帝舜葬在这座山的南面，而帝尧的儿子帝丹朱葬在这座山的北面。

氾林方三百里①，在狌狌东②。

【注释】

①氾林：地名。

②狌狌（xīng）：即猩猩。

【译文】

氾林方圆有三百里，在猩猩聚居的东面。

狌狌知人名，其为兽如豕而人面，在舜葬西。

【译文】

猩猩能知道人的姓名，它的体形近似于猪，却有着人一样的面孔，生活在帝舜墓地的西面。

狌狌西北有犀牛，其状如牛而黑。

【译文】

猩猩的西北面有犀牛，它的形状像牛，只不过全身是黑色的。

夏后启之臣曰孟涂，是司神于巴，巴人讼于孟涂之所①，其衣有血者乃执之，是请生。居山上，在丹山西②。

【注释】

①讼（sòng）：打官司。
②丹山：今在湖北秭归附近。

【译文】

夏朝国王启的臣子有一个叫孟涂的，是主管巴地的神。巴地的人到孟涂那里去诉讼，孟涂看到告状人中谁的衣服沾有血迹，就把他拘禁起来。据说这样就不出现冤案，算是有好生之德。孟涂所居住的山在丹山的西面。

窫窳居弱水中①，在狌狌之西，其状如貙②，龙首，食人。

【注释】

①窫窳（yàyǔ）：本是蛇身人面的神，被贰负臣所杀，
其事见于《海内西经》。

②貙（chū）：兽名。

【译文】

窫窳住在弱水中，位置在猩猩的西面，它的样子像貙，
长着龙头，吃人。

有木，其状如牛，引之有皮^①，若缨、黄蛇。
其叶如罗^②，其实如栾^③，其木若蓲^④，其名曰建木。
在窫窳西弱水上。

【注释】

①引：拉，牵。

②罗：捕鸟用的网。

③栾：即栾华，传说中的一种树木，有黄色的树根，
红色的树枝，青色的树叶。

④蓲（ōu）：木名，即刺榆。

【译文】

有一种树，形状像牛，一拉它就有皮掉下来，树皮像
帽子上的缨带，又像黄色的蛇皮。它的叶子像罗网，果实
像栾树的果子，树干像刺榆，名字叫建木。建木生长在窫
窳所在之地往西的弱水岸上。

氐人国在建木西^①，其为人人面而鱼身，无足。

①氐（dī）人国：传说中的古国名。我国古代有氐族，

居住在西北一带。

【译文】

氐人国在建木的西面，那里的人有着人的面孔，鱼的

身子，没有脚。

巴蛇食象，三岁而出其骨，君子服之，无心腹

之疾。其为蛇青黄赤黑。一曰黑蛇青首，在犀牛西。

【译文】

巴蛇能吞下大象，吞吃三年后才吐出象骨，有才德的

人吃了巴蛇就不会心痛和肚子痛。这种蛇的颜色是青色、

黄色、红色、黑色混合在一起的。另一种说法是巴蛇有黑

色身体和青色脑袋，在犀牛所在地的西面。

旄马①，其状如马，四节有毛。在巴蛇西北，

高山南。

【注释】

①旄（máo）马：髦马。

【译文】

旄马，形状像马，只不过四条腿的关节上都有长毛。

旄马在巴蛇所在地的西北面，高山的南面。

卷十一

海内西经

　　《海内西经》从东到西记载了从今天的西北地区一直到达古代所谓西域的山脉、河流、国家、物产。《海内西经》的记载围绕着昆仑山进行，而昆仑山在传说中是中华文明的圣山，有着无与伦比的尊崇地位。

　　昆仑山的神秘和华美匪夷所思。它方圆八百里，高万仞。上面有各种凤凰、鸾鸟和各种神兽守护，有珠树、文玉树、玗琪树、不死树、离朱、木禾、柏树、甘水、圣木曼兑等神奇的植物。

　　本章的记载是真实与神话并存。关于接近于中原本部的氐国及至氐国以西的流沙的记载基本上反映了西北地区的民族状况和地理风貌。流沙就是今天甘肃以西的沙漠地区，是中原文明和西域文明的分界线。

海内西南陬以北者。

【译文】
海内由西南角向北的国家、山川、物产如下所述。

后稷之葬^①，山水环之。在氐国西^②。

【注释】
①后稷（jì）：传说中周人的祖先。
②氐国：即上文提到的氐人国。

【译文】
后稷的葬身之所，有山水环绕。墓地在氐国的西面。

流黄酆氏之国^①，中方三百里^②，有涂四方^③，中有山。在后稷葬西。

【注释】
①酆（fēng）氏之国：国名。
②中：域中，就是国土以内的意思。
③涂：道路。

【译文】
流黄酆氏国，疆域方圆三百里，有道路通向四方，国中有一座大山。流黄酆氏国在后稷葬所的西面。

流沙出锺山^①，西行又南行昆仑之虚，西南入海，黑水之山。

【注释】

①流沙：沙子和水一起流行移动的一种自然现象。

【译文】

流沙发源于锺山，向西流，又拐向南流过昆仑山，向西南流入大海，到达黑水山。

国在流沙中者埻端、玺㬇①，在昆仑虚东南。一曰海内之郡，不为郡县，在流沙中。

【注释】

①埻（dūn）端、玺㬇（huàn）：都是古代地名。

【译文】

在流沙中的国家有埻端国、玺㬇国，都在昆仑山的东南面。另一种说法认为埻端国和玺㬇国是在海内建置的郡，而不把它们称为郡县，是因为处在流沙中的缘故。

国在流沙外者，大夏、竖沙、居繇、月支之国①。

【注释】

①居繇（yáo）：国名。

【译文】

在流沙以外的国家，有大夏国、竖沙国、居繇国、月支国。

西胡白玉山在大夏东，苍梧在白玉山西南，皆在流沙西，昆仑虚东南。昆仑山在西胡西。皆在西北。

【译文】

西胡的白玉山国在大夏国的东面，苍梧国在白玉山国的西南面，都在流沙的西面，昆仑山的东南面。昆仑山位于西胡的西面。总的位置都在西北方。

海内昆仑之虚，在西北，帝之下都。昆仑之虚，方八百里，高万仞①。上有木禾，长五寻②，大五围③。面有九井，以玉为槛④。面有九门，门有开明兽守之，百神之所在⑤。在八隅之岩，赤水之际，非仁羿莫能上冈之岩⑥。

【注释】

①仞：古代长度单位，周代以八尺为一仞，汉代以七尺为一仞。

②寻：古代以八尺为一寻。

③围：一个成年人合抱的长度为一围。

④槛（jiàn）：栏杆。

⑤百：这里形容数量众多。

⑥羿：即后羿，神话传说中的英雄人物，善于射箭，曾经射掉九个太阳，射死毒蛇猛兽，为民除害。羿，或作"圣"。

【译文】

海内的昆仑山在西北方，是天帝在下界的都城。昆仑山方圆八百里，高达万仞。山顶有一棵像大树似的稻谷，高达五寻，需五人才能合抱。昆仑山的每一面都有九眼井，每眼井周围都有用玉石制成的围栏。昆仑山的每一面还有九道门，而每道门都有叫开明的神兽守卫，那里是天神们聚集的地方。天神们聚集的场所在八方山岩之间，赤水的岸边，不是有像羿那样仁德才智的人，都不能攀上那些山冈岩石。

赤水出东南隅，以行其东北，西南流注南海厌火东。

【译文】

赤水从昆仑山的东南角发源，流向东北方，再由东北角折转流回来灌注在南海厌火国的东边。

河水出东北隅，以行其北，西南又入渤海，又出海外，即西而北，入禹所导积石山。

【译文】

黄河水从昆仑山的东北角发源，流到昆仑山的北面，再折向西南流入渤海，又流出海外，向西而后往北，一直流入大禹输导过的积石山。

洋水、黑水出西北隅^①，以东，东行，又东北，南入海，羽民南。

【注释】
①洋（xiáng）水：古水名。"洋"或作"漾"。漾水发源于甘肃充县附近，为汉水的源头。

【译文】
洋水、黑水从昆仑山的西北角发源，然后折向东方流去，再转向东北方，又朝南流入大海，入海的地方在羽民国的南面。

弱水、青水出西南隅^①，以东，又北，又西南，过毕方鸟东。

【注释】
①弱水：发源于祁连山，流入居延海。其地皆在今甘肃内。

【译文】
弱水、青水发源于昆仑山的西南角，然后折向东方，再朝北流，又折向西南方，流过毕方鸟所在地的东面。

昆仑南渊深三百仞。开明兽身大类虎而九首^①，皆人面，东向立昆仑上。

【注释】

①类：像。

【译文】

昆仑山的南面有一个三百仞的深渊。开明兽身子的大小和老虎差不多，却长着九个脑袋，每个脑袋上都有人一样的面孔，脸朝东站立在昆仑山上。

开明西有凤皇、鸾鸟，皆戴蛇践蛇，膺有赤蛇①。

【注释】

①膺（yīng）：胸口。

【译文】

开明兽的西面有凤皇、鸾鸟，它们都是头上缠着蛇，脚底下踩着蛇，胸前还挂着红色的蛇。

开明北有视肉、珠树、文玉树、玗琪树、不死树①。凤皇、鸾鸟皆戴甗②。又有离朱、木禾、柏树、甘水、圣木曼兑，一曰挺木牙交。

【注释】

①文玉树：五彩玉树。玗琪（yúqí）：美玉。

②甗（fá）：盾牌。

【译文】

开明兽的北面有视肉兽，有珠树、文玉树、玗琪树、不死树。还有凤凰和鸾鸟，它们头戴着盾牌。此外，还有离朱、像树似的稻谷、柏树、甜美的泉水和圣木曼兑。有一种说法认为圣木曼兑又叫挺木牙交。

开明东有巫彭、巫抵、巫阳、巫履、巫凡、巫相①，夹窫窳之尸，皆操不死之药以距之。窫窳者，蛇身人面，贰负臣所杀也。

【注释】

①巫彭、巫抵、巫阳、巫履、巫凡、巫相：上古巫医不分，群巫皆神医。

【译文】

开明神兽的东面有巫彭、巫抵、巫阳、巫履、巫凡、巫相几位巫师，他们环绕在窫窳尸体周围，手捧不死药要救活他。窫窳是蛇身人面，被贰负和他的臣子危合谋杀死。

服常树，其上有三头人，伺琅玕树①。

【注释】

①琅玕（lánggān）：传说中果实是珠玉的仙树。

【译文】

有一种服常树，树上有个长着三颗头的人，观察着附近的琅玕树的情况，因为那是凤凰的食物。

开明南有树鸟，六首；蛟、蝮、蛇、蜼、豹、鸟秩树^①，于表池树木^②；诵鸟、鹯、视肉^③。

鸟秩树[1]，于表池树木[2]；诵鸟、鹯、视肉[3]。

【注释】

[1]蜼（wèi）：一种长尾猿。

[2]树：环绕种植。

[3]鹯（sǔn）：一种雕类。

【译文】

开明神兽的南面有树鸟，它长着六个脑袋；那里还有蛟龙、蝮蛇、长尾猿、豹、鸟秩树，都环列在一个水池周围，那个水池因此显得华美。它可能是西王母的瑶池。还有诵鸟、鹯鸟、视肉兽等等。

蛇巫之山，上有人操柸而东乡立[1]。一曰龟山。

【注释】

[1]柸（bēi）：即杯，就是盛酒的礼器。乡：通"向"。

【译文】

蛇巫山上有人手捧着杯子面向东站着。一种说法认为蛇巫山叫龟山。

西王母梯几而戴胜[1]。其南有三青鸟，为西王母取食。在昆仑虚北。

【注释】

[1]梯：凭倚，依靠。几：矮小的桌子。胜：妇女的一

種首饰。

【译文】

西王母头戴玉胜倚在一张小桌案上，她南面有三只凶猛的青鸟，为西王母觅取食物。西王母和青鸟所在的位置都在昆仑山的北方。

卷十二

海内北经

　　《海内北经》的记载从海内的西北角，也就是从西北的匈奴国开始，经过犬戎、穷奇再到昆仑山，又越过山西的雁门一带，最后到达东北的貊国和孟鸟国。《海内北经》是对古代北部中国即塞外国度的一次鸟瞰。

　　《海内北经》的神话相对较少，主要有天帝惩罚贰负的滥杀和舜妻所生两神女的故事。但这其间描写的许多怪兽倒是颇为生动，比如说日行千里的奇兽驺吾和兽头人身的环狗。而本章关于雁门、高柳等的写实性记载也基本上反映了西北地区的民族状况和地理风貌。

海内西北陬以东者。

【译文】
海内由西北角向东的国家、山川、物产如下所述。

匈奴、开题之国、列人之国并在西北^①。

【注释】
①匈奴：秦汉时期我国北方的古国。
【译文】
匈奴、开题国、列人国都在它的西北。

贰负之臣曰危^①，危与贰负杀窫窳，帝乃梏之
疏属之山^②，桎其右足^③，反缚两手，系之山上木。
在开题西北。

【注释】
①贰负：神话中的天神，样子是人面蛇身。
②梏（gù）：古代的刑具，木制的手铐。这里是指用
　刑具拘禁。
③桎（zhì）：古代的刑具，用来拘住罪人的双脚。
【译文】
　贰负的臣子有个叫危的，危与贰负一起杀死了窫窳。
天帝便把危拘禁在疏属山中，给他的右脚戴上刑具，反绑
上他的双手，拴在山上的一棵大树下。那座山在开题国的

西北。

有人曰大行伯，把戈。其东有犬封国。贰负之尸在大行伯东。

【译文】

有个人叫大行伯，手里握一把戈。他的东面有一个犬封国。贰负的尸体在大行伯的东面。

犬封国曰犬戎国，状如犬。有一女子，方跪进杯食①。有文马，缟身朱鬛②，目若黄金，名曰吉量，乘之寿千岁。

【注释】

①方：表示动作正在进行的副词。

②缟（gǎo）：白色的丝绸织物，这里指代白色。鬛（liè）：脖子上的鬃毛。

【译文】

犬封国也叫犬戎国，那里的人的样子都像狗。有一女子，正跪在地上向人进献酒食。犬封国里还有文马，它有白色的身子和红色的鬃毛，眼睛像黄金，名叫吉量，人骑上它能长寿千岁。

鬼国在贰负之尸北，为物人面而一目。一曰贰负神在其东，为物人面蛇身。

　　鬼国在贰负尸体的北面,那里的人是人的脸孔,却长着一只眼睛。另一种说法认为贰负神在鬼国的东边,他是人的面孔蛇的身子。

　　蜪犬如犬^①,青,食人从首始。

【注释】

①蜪(táo)犬:传说中的兽名。

【译文】

　　蜪犬的样子像狗,全身青色,它吃人是从脑袋开始的。

　　穷奇状如虎,有翼,食人从首始,所食被发^①。在蜪犬北。一曰从足。

【注释】

①被发:披头散发。被,同"披",披散开。

【译文】

　　穷奇的形状像老虎,生有翅膀,它吃人是从人头开始,被吃的人都是披头散发的。穷奇的位置在蜪犬的北面。还有一种说法认为穷奇吃人是从脚开始的。

　　帝尧台、帝喾台、帝丹朱台、帝舜台,各二台,台四方,在昆仑东北。

【译文】

帝尧台、帝喾台、帝丹朱台、帝舜台，各自有两座，都是四方形，在昆仑山的东北面。

大蜂，其为状如螽①；朱蛾，其状如蛾②。

【注释】

①螽（zhōng）：虫名，蝗虫类的昆虫。

②蛾（yǐ）：蚍蜉，就是蚂蚁。

【译文】

有一种大蜂，长得像螽；有一种红蚂蚁，看上去和蚍蜉相像。

蟜①，其为人虎文，胫有启②。在穷奇东。一曰状如人，昆仑虚北所有。

【注释】

①蟜（qiáo）：传说中的纹身野人。

②胫有启（qǐ）：小腿上有强健的筋肉。胫，人的小腿。启，强劲的筋肉。

【译文】

蟜，有着人的身子，身上有老虎的斑纹，小腿肚子上是强健的筋肉。蟜在穷奇的东面。一种说法认为蟜的形状就像人，是昆仑山北面独有的。

阘非①，人面而兽身，青色。

【注释】
①阘（tà）非：传说中的野人。
【译文】
阘非，长着人的面孔和兽的身子，遍体青色。

据比之尸，其为人折颈被发①，无一手。

【注释】
①折颈：折断脖颈。被发：披发。
【译文】
据比尸，他的样子像人，被折断了脖子，头发披散着，
没了一只手。

环狗，其为人兽首人身。一曰蝟状如狗①，黄色。

【注释】
①蝟（wèi）：兽名。今作"猬"。
【译文】
环狗，长着野兽的脑袋，人的身子。另一种说法认为
是刺猬的样子，又像狗，全身是黄色。

袜①，其为物人身、黑首、从目②。

【注释】

①袜（mèi）：鬼魅，鬼怪。

②从（zòng）：同"纵"，竖立。

【译文】

袜长着人的身子，脑袋是黑色的，眼睛是竖着长的。

戎，其为人人首三角。

【译文】

戎这种人虽然长着人的头，上面却长了三只角。

林氏国有珍兽，大若虎，五采毕具，尾长于身，名曰驺吾①，乘之日行千里。

【注释】

①驺吾：怪兽名。又作"驺虞"。

【译文】

林氏国有一种珍奇的野兽，大小像老虎，身上有五种颜色的斑纹，尾巴比身体还长，名字叫驺吾，骑上它就能在一日之间行千里路程。

昆仑虚南所，有氾林方三百里。

【译文】

昆仑山南面，有一片茂密的森林，方圆大约有三百里。

从极之渊，深三百仞，维冰夷恒都焉①。冰夷人面，乘两龙。一曰忠极之渊。

阳汙之山①，河出其中；凌门之山，河出其中。

王子夜之尸，两手、两股、胸、首、齿，皆断异处。

大泽方百里，群鸟所生及所解。在雁门北。

【译文】

有一个大沼泽方圆百里，是各种禽鸟生蛋孵化幼鸟和脱毛换毛的地方。这个大沼泽在雁门山的北面。

雁门山^①，雁出其间。在高柳北。

【注释】

①雁门山：山名。其地在今山西北部。

【译文】

雁门山，是大雁迁徙时出入的地方。它在高柳山的北面。

高柳在代北。

【译文】

高柳山在代地的北边。

舜妻登比氏生宵明、烛光，处河大泽，二女之灵能照此所方百里^①。一曰登北氏。

【注释】

①灵：神光。

【译文】

舜帝的妻子登比氏生了宵明、烛光两个女儿，她们都住在黄河边上的大沼泽里，两位神女的灵光能照亮方圆百里的地方。一种说法认为舜帝的妻子叫登北氏。

东胡在大泽东^①。

【注释】
①东胡：春秋战国时期我国东北的古国。
【译文】
东胡国在大沼泽的东面。

夷人在东胡东。

【译文】
夷人国又在东胡国的东面。

貊国在汉水东北^①。地近于燕^②，灭之。

【注释】
①貊（mò）国：北方古国名。在朝鲜半岛上。汉水：
　指朝鲜半岛上的汉江。
②燕（yān）：北方古国名。其地主要在今河北、辽宁境内。
【译文】
貊国在汉水的东北边。靠近燕国，后来被燕国所灭。

孟鸟在貊国东北。其鸟文赤、黄、青，东乡^①。

【注释】

①东乡（xiàng）：东向就是面朝东。乡，通"向"。

【译文】

孟鸟出产在貊国的东北面。这种鸟的羽毛由红、黄、青三种颜色花纹杂错而成，鸟儿们都面向东方站着。

卷十三

海内东经

《海内东经》记载了从中土东北角的钜燕一直南下，包括今天渤海中的蓬莱山和山东半岛南端的琅邪台的内容。

此后从雷泽开始描绘了吴越两地地理风貌。雷泽在吴地西部，接近于今江苏、安徽一带。琅邪台在今天的山东一带，而会稽山则在今天的浙江一带了。

《海内东经》的内容较少，主要是记述了从我国东南沿海一带的国度和物产。

海内东北陬以南者。

【译文】

海内由东北角向南的国家地区、山丘、河川依次如下。

钜燕在东北陬^①。

【注释】

①钜：巨大的。

【译文】

大燕国在海内的东北角。

盖国在钜燕南，倭北。倭属燕。

【译文】

盖国在大燕国的南面，倭国的北面。倭国隶属于燕国。

朝鲜在列阳东，海北山南。列阳属燕。

【译文】

朝鲜在列阳的东面，北面有大海而南面有高山。列阳隶属于燕国。

列姑射在海河州中^①。

①列姑射（yè）：古国名。河州：黄河入海处泥沙冲
　刷堆积形成的小块陆地。州，高出水面的土地。

【译文】

列姑射在大海的河州上。

姑射国在海中，属列姑射。西南，山环之。

【译文】

　姑射国在海中，隶属于列姑射。姑射国的西南部，高
山环绕着它。

　大蟹在海中。

【译文】

大蟹生活在海里。

陵鱼人面^①，手足，鱼身，在海中。

【注释】

①陵鱼：传说中的人鱼。

【译文】

　陵鱼长着人的面孔，而且有手有脚，却是鱼的身子，
生活在海里。

大鳊居海中^①。

【注释】

①鳊（biān）：同"鳊"，就是鳊鱼。

【译文】

大鳊鱼生活在海里。

明组邑居海中^①。

【注释】

①明组邑：海岛上的某个部落。邑，就是人们聚居的
部落、村舍。

【译文】

明组邑生活在海岛上。

蓬莱山在海中^①。

【注释】

①蓬莱山：传说中的神山。约在今山东蓬莱的海面上。

【译文】

蓬莱山屹立在海中。

大人之市在海中。

【译文】

大人贸易的集市在海里。

琅邪台在渤海间^①，琅邪之东。其北有山。一曰在海间。

【注释】

①琅邪（lángyá）台：有说法认为琅邪台是今天山东境内的一座山，只不过形状像座高台，所以被称为琅邪台。还有说法认为琅邪台指春秋末年越王勾践修筑的琅邪台，用来观望东海。

【译文】

琅邪台位于渤海与海岸之间，在琅邪的东面。琅邪台的北面有座山。另一种说法认为琅邪台在海中。

都州在海中。一曰郁州^①。

【注释】

①郁州：今在江苏连云港附近。

【译文】

都州在海里。一种说法认为都州叫做郁州。

韩雁在海中，都州南。

【译文】

韩雁在海中，又在都州的南面。

始鸠在海中，韩雁南。

【译文】

始鸠在海中，又在韩雁的南面。

雷泽中有雷神，龙身而人头，鼓其腹①。在吴西。

【注释】

①鼓其腹：鼓即鼓动，敲打。据传雷神鼓动自己的肚
　子就会打雷。

【译文】

雷泽中有一位雷神，长着龙的身子人的头，他一鼓起
肚子就响雷。雷泽在吴地的西面。

会稽山在大楚南①。

【注释】

①会稽（kuàijī）山：山名，今位于浙江绍兴市区东南
　部。

【译文】

会稽山在大楚的南面。

卷十四

大荒东经

《大荒东经》记载了东海之外的山川、河流、国度和物产，神话传说丰富。这部分记载多为荒诞不经、奇异诡谲之事，充满了浪漫色彩。

少昊和帝俊的国家已经脱离原始游牧民族的习惯，开始驯化野兽，逐渐转向农耕的生活。青丘之国、柔仆民、黑齿之国、夏州、盖余之国可能是古代东夷部落的遗种。大言山、明星山、猗天苏门山、壑明俊疾山，都是太阳和月亮运行轨道上的山脉，对这些山的描述反映了古代人农耕生活对天文知识的需求和古人对地理天象的实际观测成果。

《大荒东经》的神话母题很多，主要有三大神话。第一是大荒之中孽摇頵羝山上有棵扶木，即扶桑树，温源谷也有扶木，太阳从扶桑树上升起，由三条腿的金乌承载的神话，这是一个自然崇拜神话。第二个是王亥到东夷贩牛，因为淫乱被有易部族杀害的神话。王亥是殷人的祖先，在《竹书纪年》和甲骨卜辞都有记载，而且他还是最早从事商业活动的人。因此，这是一个始祖崇拜的神话。第三是黄帝的大将应龙杀蚩尤与夸父，以及黄帝以夔兽皮为鼓，以雷兽之骨敲击的神话，这是一个战争神话。

东海之外大壑^①，少昊之国。少昊孺帝颛顼于此^②，弃其琴瑟。有甘山者，甘水出焉，生甘渊。

【注释】

①壑（hè）：山间的深谷。

②孺：通"乳"，用乳汁喂养。引申为抚育、养育。

【译文】

东海以外有一道深不可测的大沟壑，那里是少昊建国的地方。少昊在那里把颛顼帝抚养成人，颛顼幼年操练过的琴瑟现在还丢在沟壑里。有一座甘山，甘水从这座山发源，甘水的水流最终汇成一座甘渊。

东南海之外，甘水之间，有羲和之国。有女子名曰羲和，方浴日于甘渊。羲和者，帝俊之妻，是生十日。

【译文】

在东海的外面，到甘水的中间，有个羲和国。有个女子叫羲和，正在甘渊中给太阳洗澡。羲和是帝俊的妻子，她生了十个太阳。

大荒东南隅有山，名皮母地丘。

【译文】

大荒的东南角有座山，名字叫皮母地丘。

东海之外，大荒之中，有山名曰大言，日月所出。

【译文】

东海以外，大荒当中，有座山叫大言山，那里是太阳和月亮升起的地方。

有波谷山者，有大人之国。有大人之市，名曰大人之堂。有一大人踆其上^①，张其两臂。

【注释】

①踆："蹲"的古字。

【译文】

有座波谷山，这山里有大人国。还有大人们做买卖的集市，集市就在那座叫大人堂的山上。有一个大人正蹲在山上，张开他的两个臂膊。

有小人国，名靖人。

【译文】

有个小人国，那里的人被叫做靖人。

有神，人面兽身，名曰犁䰰之尸^①。

【注释】

①犁䰰（líng）之尸：古尸。

【译文】

有一个神，长着人的面孔野兽的身子，叫做梨魗尸。

有灂山^①，杨水出焉。

【注释】

①灂（jué）山：山名。

【译文】

有一座灂山，杨水就从这座山发源。

有芮国^①，黍食^②，使四鸟^③：虎、豹、熊、罴。

【注释】

①芮（wěi）国：古国名。

②黍（shǔ）：一种黏性谷米，北方称作黄米。

③鸟：这里实指兽，上古鸟兽统名。

【译文】

有一个芮国，国中的人以黄米为食物，能够驯化并驱使老虎、豹子、熊、罴这四种野兽。

大荒之中，有山名曰合虚，日月所出。

【译文】

在大荒当中，有座叫做合虚山的山，是太阳和月亮升起的地方。

有中容之国。帝俊生中容，中容人食兽、木实，使四鸟：豹、虎、熊、罴。

【译文】

有一个国家叫中容国。帝俊有个后代叫中容，中容国的人吃野兽的肉和树木的果子，能驯化并驱使豹子、老虎、熊、罴这四种野兽。

有东口之山。有君子之国，其人衣冠带剑。

【译文】

有座东口山。在东口山有个君子国，那里的人穿衣戴帽，腰间佩剑。

有司幽之国。帝俊生晏龙，晏龙生司幽，司幽生思士，不妻；思女，不夫。食黍，食兽，是使四鸟。

【译文】

有个司幽国。帝俊生了晏龙，晏龙生了司幽，司幽生了思士，思士没有娶妻；司幽还生了思女，思女没有出嫁。司幽国的人吃黄米饭，也吃野兽肉，能驯化驱使四种野兽。

有大阿之山者。

【译文】

有一座山叫大阿山。

大荒之中，有山名曰明星，日月所出。

【译文】

大荒中有一座山，叫明星山，是太阳和月亮升起的地方。

有白民之国。帝俊生帝鸿①，帝鸿生白民，白民销姓，黍食，使四鸟：虎、豹、熊、罴。

【注释】

①帝鸿：黄帝。

【译文】

有个白民国。帝俊生了帝鸿，帝鸿生了白民，白民国是销姓国，以黄米为食物，能驯化驱使四种野兽：老虎、豹子、熊、罴。

有青丘之国。有狐，九尾。

【译文】

有个青丘国。青丘国出产一种狐狸，这种狐狸有九条尾巴。

有柔仆民，是维嬴土之国①。

①维：语助词。嬴土：肥沃的土地。

【译文】

有一群人被称作柔仆民，他们的国家土地很肥沃。

有黑齿之国。帝俊生黑齿，姜姓，黍食，使四鸟。

【译文】

有个黑齿国。帝俊有个后代黑齿，黑齿国是姜姓国，吃黄米饭，能驯化并驱使四种野兽。

有夏州之国。有盖余之国。

【译文】

有个夏州国。夏州国附近有一个盖余国。

有神人，八首人面，虎身十尾，名曰天吴。

【译文】

有个神，长着八颗头，每个头上都有人的面孔，他有老虎的身子，十条尾巴，名字叫天吴。

大荒之中，有山名曰鞠陵于天、东极、离瞀①，日月所出。有神名曰折丹——东方曰折，来风曰俊——处东极以出入风。

【注释】

①离瞀（mào）：山名。

【译文】

在大荒当中，有鞠陵于天山、东极山、离瞀山三座高山，太阳和月亮从这里升起。有个神名叫折丹——东方人称他为折，从东方吹来的风叫俊——他就在大地的最东边主管风起风停。

东海之渚中①，有神，人面鸟身，珥两黄蛇②，践两黄蛇，名曰禺䝞③。黄帝生禺䝞，禺䝞生禺京④。禺京处北海，禺䝞处东海，是为海神。

【注释】

①渚（zhǔ）：水中的小块陆地。

②珥（ěr）：珠玉做的耳饰，这里指佩戴、悬挂。

③禺䝞（hào）：传说中的神名。

④禺京：即禺疆，北方之神。

【译文】

在东海的岛屿上有一个神，长着人的面孔，鸟的身子，耳朵上挂着两条黄蛇，脚底下踩着两条黄蛇，名叫禺䝞。黄帝生了禺䝞，禺䝞生了禺京。禺京住在北海，禺䝞住在东海，都是海神。

有招摇山，融水出焉。有国曰玄股，黍食，使四鸟。

有座招摇山，融水从这座山发源。有个国家叫玄股国，那里的人吃黄米饭，能驯化并驱使四种野兽。

有因民国，勾姓，黍食。有人曰王亥①，两手操鸟，方食其头。王亥托于有易、河伯仆牛。有易杀王亥，取仆牛。河伯念有易，有易潜出②，为国于兽。方食之，名曰摇民。帝舜生戏，戏生摇民。

【注释】

①王亥：据王国维考证，实是殷王亥。

②潜：偷偷地，秘密地。

【译文】

有个因民国，是勾姓国，以黄米为食物。有个人叫王亥，他用两手抓着一只鸟，正在吃鸟的头。王亥把一群肥牛寄养在有易族人和河伯那里。有易族人杀死了王亥，吞没了那群肥牛。后来王亥的后人来报仇，河伯怜悯有易族人，就帮助有易族人偷偷地逃亡，在野兽出没的荒凉地界建立国家。他们正在吃野兽的肉，因此这个国家就叫摇民国。还有一种说法认为帝舜生了戏，戏生了摇民。

海内有两人，名曰女丑。女丑有大蟹。

【译文】

海里面有两个神，其中的一个叫女丑。女丑有一只巨大无比的大螃蟹。

大荒之中，有山名曰孽摇頵羝^①。上有扶木^②，柱三百里^③，其叶如芥^④。有谷曰温源谷。汤谷上有扶木^⑤，一日方至，一日方出，皆载于乌^⑥。

【注释】

①孽摇頵羝（jūndī）：山名。

②扶木：扶桑树，传说太阳从此升起。

③柱：像柱子般直立着。

④芥：芥菜。

⑤汤（yáng）谷：即旸谷。

⑥乌：可能是踆乌、离朱鸟、三足乌之类，所指的都是神话里栖息在太阳里长三只爪子的乌鸦。

【译文】

在大荒当中，有一座名叫孽摇頵羝的山。山上有棵扶桑树，高三百里，叶子的形状像芥菜的叶子。有个山谷叫做温源谷。汤谷上面也有棵扶桑树，一个太阳刚刚回到汤谷，另一个太阳就从扶桑树升上去，这两个太阳都驮在三足乌的背上。

有神，人面、犬耳、兽身，珥两青蛇，名曰奢比尸。

【译文】

有一个神，长着人的面孔、狗的耳朵、野兽的身子，耳朵上挂着两条青色的蛇，名叫奢比尸。

有五采之鸟，相乡弃沙①。惟帝俊下友②。帝下两坛，采鸟是司。

【注释】

①弃沙：这两个字意义不详。有些学者考证"弃沙"应该是"婺娑"二字讹误而成，婺娑的意思是鸟类羽毛飘举翩翩起舞的样子。

②友：友好，做朋友。

【译文】

有一群长着五彩羽毛的鸟相对起舞，帝俊从天上下来和它们交友。帝俊在下界的两座祭坛就是由这群五彩的鸟掌管着。

大荒之中，有山名曰猗天苏门，日月所生。有壎民之国①。

【注释】

①壎（xūn）民：古国民。

【译文】

在大荒之中，有一座山叫猗天苏门山，是太阳和月亮升起的地方。有个壎民国。

有綦山①。又有摇山。有酳山②。又有门户山。又有盛山。又有待山。有五采之鸟③。

【注释】

①綦（jì）山：山名。

②酳（zèng）山：山名。

③采：颜色。

【译文】

有座綦山。又有座摇山。有座酳山。又有座门户山。又有座盛山。又有座待山。还有一群羽毛五彩缤纷的鸟。

东荒之中，有山名曰壑明俊疾，日月所出。有中容之国。

【译文】

在东荒当中，有座山名叫壑明俊疾，是太阳和月亮升起的地方。有个中容国在附近。

东北海外，又有三青马、三骓、甘华①。爰有遗玉、三青鸟、三骓、视肉、甘华、甘柤②。百谷所在。

【注释】

①骓（zhuī）：毛色青白相间的马。

②爰（yuán）：这里。甘柤（zhā）：树名。

【译文】

在东北海外，又有三青马、三骓马、甘华树。在这里还有遗玉、三青鸟、三骓马、视肉兽、甘华树、甘柤树。这儿是各种庄稼生长的地方。

有女和月母之国。有人名曰鹓①——北方曰鹓，来风曰狻②——是处东北隅以止日月，使无相间出没，司其短长。

【注释】

①鹓（yuān）：一种鸟名。

②狻（yǎn）：从女和月母之国吹来的风名。

【译文】

有个国家叫女和月母国。有一个神叫鹓——北方人称作鹓，从那里吹来的风叫做狻——他就在大地的东北角控制太阳和月亮，使它们不要交相错乱地出没，并且掌握它们在天上运行时间的长短。

大荒东北隅中，有山名曰凶犁土丘。应龙处南极①，杀蚩尤与夸父，不得复上。故下数旱②。旱而为应龙之状，乃得大雨。

【注释】

①应龙：指一种有翼的龙。

②数（shuò）：屡次，多次。

【译文】

在大荒的东北角上，有一座山名叫凶犁土丘山。应龙就在这座山的最南端，应龙帮黄帝杀了蚩尤和夸父，用尽了神力，不能再回到天上。天上因没了应龙的兴云布雨，人间就常常闹旱灾。人们一遇天旱就装扮成应龙的样子，向上天求雨，这样就能得到大雨。

东海中有流波山，入海七千里。其上有兽，状如牛，苍身而无角，一足，出入水则必风雨，其光如日月，其声如雷，其名曰夔①。黄帝得之，以其皮为鼓，橛以雷兽之骨②，声闻五百里，以威天下。

【注释】

①夔（kuí）：传说中的怪兽名。

②橛（jué）：敲打。

【译文】

东海当中有座流波山，这座山在深入东海七千里的地方。山上有一种野兽，形状像普通的牛，青色的身子没有长角，只有一条腿，出入海水时一定是披风戴雨，它发出的光芒就像太阳和月亮光，它的吼声如同雷鸣声，这野兽名叫夔。黄帝得到它，就用它的皮蒙鼓，再拿雷兽的骨头敲打这面鼓，响声能够传到五百里以外，用来威震天下。

卷十五

大荒南经

　　《大荒南经》记载了南海一带的山川、国家、鸟兽和物产，保留了很多古代氏族的来源传说以及一些神话传说。这里所谓的大荒以南显然范围很广，既有南海之中的氾天山，也有南海之外陆地上的野兽双双，赤水之东的苍梧之野。而苍梧是帝舜的葬身之所，显然还在大陆之上。

　　季禺国是颛顼的后代，帝舜的妻子娥皇生了三身之国，帝舜生无淫、降载处，就是巫载民的先祖。类似的记述似乎并不能完全被认为是神话，其中有可能包含了一些早期的民族血缘关系和民族迁移的历史。

　　《大荒南经》还记载了一些神话。比如后羿射杀凿齿的神话，这是一个英雄神话。还有蚩尤丢弃桎梏化为枫木的神话，这是一个化身神话。

南海之外，赤水之西，流沙之东，有兽，左右有首，名曰跊踢①。有三青兽相并，名曰双双。

【注释】

①跊（chù）踢：传说中的怪兽名。

【译文】

南海以外，赤水的西边，流沙以东，有一种野兽，这种野兽左右各有一个头，名字叫跊踢。还有三只青色的野兽合并在一起，名字叫双双。

有阿山者。南海之中，有氾天之山，赤水穷焉。

【译文】

有座阿山。南海当中有一座氾天山，赤水在这座山流到尽头。

赤水之东，有苍梧之野，舜与叔均之所葬也①。爰有文贝、离俞、鸱久、鹰、贾、委维、熊、罴、象、虎、豹、狼、视肉②。

【注释】

①叔均：传说中帝舜的儿子，又叫商均。

②离俞：即离朱。贾：乌鸦。委维：即《海内经》中的延维，一种两头蛇。

【译文】

在赤水的东岸，有个地方叫苍梧野，是帝舜和叔均埋葬的地方。那里有长着花纹的贝壳、离朱鸟、鸱久、鹰、乌鸦、两头蛇、熊、罴、大象、老虎、豹、狼、视肉。

有荣山，荣水出焉。黑水之南，有玄蛇，食麈^①。

【注释】

①麈（zhǔ）：鹿类，也名驼鹿，俗称四不像。

【译文】

有一座荣山，荣水就从这座山发源。在黑水的南岸有一条黑蛇，这条蛇吞食驼鹿。

有巫山者，西有黄鸟。帝药，八斋^①。黄鸟于巫山，司此玄蛇。

【注释】

①斋：房舍。

【译文】

有一座山叫巫山，巫山的西面有黄鸟。天帝的仙药，有八个屋子那么多就藏在巫山。黄鸟在巫山上，监视着黑水南边的那条大黑蛇。

大荒之中，有不庭之山，荣水穷焉^①。有人三身。帝俊妻娥皇，生此三身之国。姚姓，黍食，使四鸟。有渊四方，四隅皆达，北属黑水^②，南属大荒。北旁名曰少和之渊，南旁名曰从渊^③，舜之所浴也。

【注释】

①穷：尽头。

②属：连接，汇通。

③从（chōng）渊：深渊名。

【译文】

在大荒当中，有座不庭山，荣水流到这座山就到了尽头。这里的人长着三个身子。帝俊的妻子叫娥皇，这些三身国人就是他们的后代。三身国是姚姓国，吃黄米饭，能驯化驱使四种野兽。这里有一个方形渊潭，四个角都和其他水系联通，北边和黑水相连，南边和大荒相连。北侧的深渊叫少和渊，南侧的深渊叫从渊，是帝舜沐浴的地方。

又有成山，甘水穷焉。有季禺之国，颛顼之子，食黍。有羽民之国，其民皆生毛羽。有卵民之国，其民皆生卵。

【译文】

又有一座成山，甘水最终流到这里。有个季禺国，国人是颛顼帝的后代，吃黄米饭。还有个国家叫羽民国，这里的人都长着羽毛。又有卵民国，这里的人都产卵，人都从卵中孵化出来。

大荒之中，有不姜之山，黑水穷焉。又有贾山，汔水出焉①。又有言山。又有登备之山②。有恝恝之山③。又有蒲山，澧水出焉④。又有隗山⑤，其西有丹，其东有玉。又南有山，漂水出焉。有尾山。有翠山。

【译文】

在大荒之中，有座不姜山，黑水最终流到这座山。又有座贾山，汔水从这座山发源。又有座言山。又有座登备山。还有座恝恝山。又有座蒲山，澧水从这座山发源。又有座隗山，它的西面蕴藏着丹雘，它的东面蕴藏着玉石。又往南有座高山，漂水就是从这座山中发源的。又有座尾山。还有座翠山。

有盈民之国，於姓，黍食。又有人方食木叶。

【译文】

有个国家叫盈民国，是於姓国，吃黄米饭。又有人正在吃树叶。

有不死之国，阿姓，甘木是食。

【译文】

有个国家叫不死国，是阿姓国，吃的是不死树。

大荒之中，有山名曰去痊。南极果，北不成，去痊果①。

【注释】

①南极果，北不成，去痊（zhì）果：这三句的意义不详，据考证可能是巫师流传下来的几句咒语。

【译文】

在大荒当中，有座山叫做去痊山。南极果，北不成，去痊果。

南海渚中，有神，人面，珥两青蛇，践两赤蛇，曰不廷胡余。

【译文】

在南海的岛屿上，有一个神，长着人的面孔，耳朵上挂着两条青色蛇，脚底下踩踏着两条红色蛇，这个神叫不廷胡余。

有神名曰因因乎——南方曰因乎，来风曰乎民——处南极以出入风。

【译文】

有个神人名叫因因乎——南方人单称他为因，从南方吹来的风称作民——他处在大地的南极主管风起风停。

有襄山。又有重阴之山。有人食兽，曰季釐。帝俊生季釐，故曰季釐之国。有缗渊①。少昊生倍伐，倍伐降处缗渊。有水四方，名曰俊坛。

【注释】

①缗（mín）渊：深渊名。

【译文】

有座襄山。又有座重阴山。有人在吞食野兽肉，名叫季釐。帝俊生了季釐，所以称作季釐国。有一个缗渊。少昊生了倍伐，倍伐被贬住在缗渊。有一个水池是四方形的，名叫俊坛。

有载民之国①。帝舜生无淫，降载处，是谓巫载民。巫载民盼姓②，食谷，不绩不经③，服也；不稼不穑④，食也。爰有歌舞之鸟，鸾鸟自歌，凤鸟自舞。爰有百兽，相群爰处。百谷所聚。

【注释】

①载（zhí）民之国：国名。

②盼（fén）：头大貌。这里做姓氏。

③绩：捻搓麻线，这里泛指纺织。经：经线，纺织时
织物的纵线，这里也是泛指织布一类的行为。

④穑（sè）：收获庄稼。

【译文】

有个国家叫载民国。帝舜生了无淫，无淫被贬在载这
个地方居住，他的子孙后代就是所谓的巫载民。巫载民姓
盼，吃五谷粮食，不从事纺织，自然有衣服穿；不从事耕
种，自然有粮食吃。这里有能歌善舞的鸟，鸾鸟自由自在
地歌唱，凤鸟自由自在地舞蹈。这里又有各种各样的野兽，
群居相处。还是各种农作物汇聚的地方。

大荒之中，有山名曰融天，海水南入焉。

【译文】

在大荒当中，有座山名叫融天山，海水从南面流过这
座山。

有人曰凿齿，羿杀之。

【译文】

有一个神人叫凿齿，是羿杀死了他。

有蜮山者①，有蜮民之国，桑姓，食黍，射蜮
是食。有人方扜弓射黄蛇②，名曰蜮人。

【注释】

①蜮（yù）：据说是一种像鳖的动物，能含沙射人的
影子，被射中影子的人就会生病。

②扜（yū）：引，张。

【译文】

有座蜮山，山的附近有个蜮民国，是桑姓国，吃黄米
饭，也把蜮作为食物。有人正在拉弓射黄蛇，他的名字叫
蜮人。

有宋山者，有赤蛇，名曰育蛇。有木生山上，
名曰枫木。枫木，蚩尤所弃其桎梏，是为枫木。

【译文】

有座山叫做宋山，山中有种红色的蛇叫做育蛇。有一
种树生长在山上，名叫枫木。枫木是蚩尤所丢弃的手铐脚
镣，这些刑具变成了枫木。

有人方齿虎尾，名曰祖状之尸。

【译文】

有个神正咬着老虎的尾巴，这神名叫祖状尸。

有小人，名曰焦侥之国①，幾姓②，嘉谷是食。

【注释】

①焦侥之国：矮人国，国民身长三尺。

②幾（jī）：这里指姓氏。

【译文】

有一个由小人组成的国家叫焦侥国，是幾姓国，吃的是优等的谷物。

大荒之中，有山名歹涂之山①，青水穷焉②。有云雨之山，有木名曰栾。禹攻云雨，有赤石焉生栾，黄本，赤枝，青叶，群帝焉取药。

【注释】

①歹（xiǔ）涂：山名。

②青水穷焉：青水出昆仑山，在歹涂山流到尽头。

【译文】

在大荒当中，有座山名叫歹涂山，青水最终在这座山流到尽头。还有座云雨山，山上有棵树叫做栾。大禹治水来到云雨山伐树，发现红色岩石上忽然生出这棵栾树，这树有黄色的树干，红色的枝杈，青色的叶子，诸帝就到这里来采药。

有国曰伯服，颛顼生伯服，食黍。有鼬姓之国①。有苕山②。又有宗山。又有姓山。又有壑山。又有

陈州山。又有东州山。又有白水山，白水出焉，而
生白渊，昆吾之师所浴也③。

【注释】

①鼬（yòu）：这里指姓氏。

②苕（sháo）山：山名。

③昆吾：传说中的诸侯王。

【译文】

有个伯服国，伯服国是颛顼的后代，这国的人吃黄米
饭。有个鼬姓之国。有座苕山。又有座宗山。又有座姓山。
又有座鏊山。又有座陈州山。又有座东州山。还有座白水
山，白水从这座山发源，白水的水流汇聚成白渊，白渊是
昆吾的师傅洗浴的地方。

有人曰张弘，在海上捕鱼。海中有张弘之国，
食鱼，使四鸟。

【译文】

有个人叫张弘，在海上捕鱼。海里有个张弘国，那里
的人以鱼为食，能驯化驱使四种野兽。

有人焉，鸟喙，有翼，方捕鱼于海。大荒之
中，有人名曰驩头①。鲧妻士敬②，士敬子曰炎融，
生驩头。驩头人面鸟喙，有翼，食海中鱼，杖翼而
行③。维宜芑苣，穋杨是食④。有驩头之国。

【注释】

①骧（huān）头：古代神话里又叫讙头、驩兜、讙朱、
　丹朱，名称很多，其事迹也众说纷纭。

②鲧（gǔn）：传说是大禹的父亲。

③杖：倚仗。这里"杖"是动词。

④维宜芑苣（qǐjù），穋（qiú）杨是食：芑、苣、穋，
　都是黑色的谷物。

【译文】

有个人，长着鸟的嘴，有翅膀，正在海上捕鱼。在大
荒当中，有个人叫骧头。鲧的妻子叫士敬，士敬生的儿子
叫炎融，炎融又生了骧头。骧头长着人的面孔鸟一样的嘴，
有翅膀，吃海里的鱼，把翅膀当做支撑在地上行走。将芑、
苣、穋和杨树叶做成食物吃。于是有了骧头国。

帝尧、帝喾、帝舜葬于岳山。爰有文贝、离
俞、鸱久、鹰、贾、延维、视肉、熊、罴、虎、
豹；朱木，赤枝、青华、玄实。有申山者。

【译文】

帝尧、帝喾、帝舜都葬在岳山。这里有花斑贝、离朱
鸟、鸱久、鹰、乌鸦、两头蛇、视肉、熊、罴、老虎、豹；
还有朱木树，这树有红色的枝干、青色的花朵和黑色的果
实。有座申山。

大荒之中，有山名曰天台，海水南入焉。

大荒当中，有座山叫天台山，海水从南边流进这座山。

有盖犹之山者，其上有甘柤，枝干皆赤，黄叶，白华，黑实。东又有甘华，枝干皆赤，黄叶。有青马。有赤马，名曰三骓。有视肉。

【译文】

有座山叫盖犹山，山上生有甘柤树，这种树的枝杈和树干都是红色的，叶子是黄色的，开白花，结黑色的果实。在这座山的东面生有甘华树，这种树的枝条和树干都是红色的，叶子是黄色的。有青色马。有红色马，名叫三骓。又有视肉。

有小人，名曰菌人①。

【注释】
①菌（jùn）人：一种矮小的人。菌人即前文所见"靖人"。

【译文】
有一种身材矮小的人，名字叫菌人。

有南类之山。爰有遗玉、青马、三骓、视肉、甘华①，百谷所在。

【注释】

①骓（zhuī）：毛色青白相间的马。

【译文】

有座南类山。山上有遗玉、青色马、三骓马、视肉兽、甘华树。各种农作物在这里生长。

卷十六

大荒西经

《大荒西经》的经文很长，记载了中土大荒以西的山川、氏族、物产、神话。

《大荒西经》的文字从大荒的西北角开始，值得注意的是这段文字同样虚实难辨。其中记载了以农耕为本的西周之国，并介绍了周族的起源。此外还提到了不周山这座神话里的名山。夷狄两个民族的来源在这里也有提及。而女娲之肠化为神的神话又似乎在歌颂创世神女娲。

《大荒西经》对西王母的记载比较详尽，西王母人面虎身虎齿，戴胜有豹尾的形象十分生动。有轩辕之台，射者不敢西向的记载，表明黄帝在中华始祖中的崇高地位。另外，《大荒西经》还有关于夏启《九辩》、《九歌》来历的说明，而这些内容可以和屈原的《离骚》相印证。

与《大荒东经》的记载相对应，《大荒西经》也记载了太阳和月亮运行的轨道，方山上有青树，名叫柜格之松，是太阳、月亮下山的地方，和东海的扶桑树对应。帝俊妻常羲生月十二并给月亮洗澡的故事也和《大荒东经》的内容呼应，可见神话也是有系统有逻辑的。

西北海之外，大荒之隅，有山而不合，名曰不周①，有两黄兽守之。有水曰寒暑之水。水西有湿山，水东有幕山。有禹攻共工国山。

【注释】

①不周：不周山。传说共工与颛顼争夺帝位，怒而撞不周之山，致此山残缺，故得名不周山。

【译文】

在西北海以外，大荒的角落，有座断裂合不拢的山，名叫不周山，有两头黄色的野兽守护着不周山。有一条水叫寒暑水。寒暑水的西面有座湿山，寒暑水的东面有座幕山。有一座禹攻共工国山。

有国名曰淑士，颛顼之子。

【译文】

有个国家名叫淑士国，这国的人是颛顼帝的后代。

有神十人，名曰女娲之肠①，化为神，处栗广之野，横道而处。

【注释】

①女娲：古神女。传说为人类的始祖。

【译文】

有十个神人，名叫女娲之肠，是女娲的肠子变化成的，在叫栗广的原野上，他们就像肠一样横在道路上居住。

有人名曰石夷——西方曰夷，来风曰韦——处西北隅以司日月之长短。

【译文】
有个人名叫石夷——西方单称他为夷，从北方吹来的风叫韦——石夷就处在大地的西北角落，掌管太阳和月亮升起落下时间的长短，也就是白昼和黑夜的长短。

有五采之鸟，有冠，名曰狂鸟。

【译文】
有种长着五彩羽毛的鸟，头上有冠，名叫狂鸟。

有大泽之长山。有白民之国。

【译文】
有一座大泽长山。有一个白民国。

西北海之外，赤水之东，有长胫之国。

【译文】
在西北海以外，赤水的东边，有个长胫国。

　　有西周之国，姬姓^①，食谷。有人方耕，名曰叔均。帝俊生后稷，稷降以百谷^②。稷之弟曰台玺^③，生叔均。叔均是代其父及稷播百谷，始作耕。有赤国妻氏。有双山。

【注释】

①姬（jī）：周王朝的姓氏。

②降以百谷：把各种谷物从天界带到人间。

③台玺：人名。

【译文】

　　有个西周国，是姬姓国，吃谷物。有个人正在耕田，名叫叔均。帝俊生了后稷，后稷把各种谷物的种子从天上带到人间。后稷的弟弟叫台玺，台玺生了叔均。叔均在这里代替父亲和后稷播种各种谷物，创始各种耕田的方法。有个赤国妻氏。有座双山。

　　西海之外，大荒之中，有方山者，上有青树，名曰柜格之松^①，日月所出入也。

【注释】

①柜（jǔ）：树名。

【译文】

　　在西海以外，大荒当中，有座山叫方山，山上有棵青色的树，名叫柜格松，是太阳和月亮出入的地方。

西北海之外，赤水之西，有天民之国，食谷，使四鸟。

【译文】

在西北海以外，赤水西岸，有个天民国，国中的人吃谷米，能驯化驱使四种野兽。

有北狄之国。黄帝之孙曰始均，始均生北狄。

【译文】

有个北狄国。黄帝的孙子叫始均，始均是北狄的始祖。

有芒山。有桂山。有榣山。其上有人，号曰太子长琴。颛顼生老童，老童生祝融，祝融生太子长琴，是处榣山，始作乐风。

【译文】

有座芒山。有座桂山。有座榣山。榣山上有一个人，号太子长琴。颛顼生了老童，老童生了祝融，祝融生了太子长琴，太子长琴住在榣山上，始创了音乐并风行于世。

有五采鸟三名：一曰皇鸟，一曰鸾鸟，一曰凤鸟。

【译文】

有三种长着五彩羽毛的鸟：一种叫皇鸟，一种叫鸾鸟，一种叫凤鸟。

有虫状如菟①，胸以后者裸不见，青如猨状②。

【注释】

①菟：通"兔"，兔子。

②猨（yuán）：同"猿"。

【译文】

有一种野兽的形状和兔子差不多，胸脯以后全露着又分辨不出来，它的皮毛青得像猿猴，把裸露的部分遮住了。

大荒之中，有山名曰丰沮玉门，日月所入。

【译文】

在大荒当中，有座丰沮玉门山，那里是太阳和月亮落下来的地方。

有灵山，巫咸、巫即、巫朌、巫彭、巫姑、巫真、巫礼、巫抵、巫谢、巫罗十巫，从此升降，百药爰在。

【译文】

有座灵山，巫咸、巫即、巫朌、巫彭、巫姑、巫真、巫礼、巫抵、巫谢、巫罗十个巫师，就从这座山升到天界或下到人世，这里生长着各种各样的药物。

有西王母之山、壑山、海山。有沃民之国，沃民是处。沃之野，凤鸟之卵是食，甘露是饮。凡其所欲，其味尽存。爰有甘华、甘柤、白柳、视肉、三骓、璇瑰、瑶碧、白木、琅玕、白丹、青丹①，多银、铁。鸾鸟自歌，凤鸟自舞，爰有百兽，相群是处，是谓沃之野。

有三青鸟，赤首黑目，一名曰大鵹①，一名少鵹，一名曰青鸟。

【译文】

有三只青色大鸟，红色的脑袋黑色的眼睛，一只名叫大鹙，一只名叫少鹙，一只名叫青鸟。

有轩辕之台^①，射者不敢西乡，畏轩辕之台。

【注释】

①轩辕：黄帝之名。

【译文】

有座轩辕台，射箭的人都不敢向西射，因为敬畏黄帝的威灵。

大荒之中，有龙山，日月所入。

【译文】

大荒当中，有座龙山，是太阳和月亮落下的地方。

有三泽水，名曰三淖^①，昆吾之所食也^②。

【注释】

①三淖（nào）：水泽名。淖，水泽。
②昆吾：相传是上古时的一个诸侯。

【译文】

有三片沼泽地，名叫三淖，是昆吾族人获取食物的地方。

有人衣青，以袂蔽面①，名曰女丑之尸。

【注释】

①袂（mèi）：衣服的袖子。

【译文】

有个人穿着青色的衣服，用袖子遮住脸面，名叫女丑之尸。

有女子之国。

【译文】

有个女子国。

有桃山。有𧅥山①。有桂山。有于土山。

【注释】

①𧅥（méng）：山名，可能是前文提到过的芒山。

【译文】

有座桃山。有座𧅥山。有座桂山。又有座于土山。

有丈夫之国。

【译文】

有个丈夫国。

有弇州之山①，五采之鸟仰天，名曰鸣鸟。爰有百乐歌儛之风。

【注释】

①弇（yǎn）州之山：古代传说中的山名。

【译文】

有座弇州山，山上有一种长着五彩羽毛的鸟，这种鸟喜欢仰头向天鸣叫，名字就叫鸣鸟。各式各样的乐曲和歌舞在这里风行。

有轩辕之国。江山之南栖为吉①，不寿者乃八百岁。

【注释】

①栖：这里指在山中居住。

【译文】

有个轩辕国。这里的人把居住在江河山岭的南边看做吉利，就是短命之人也能活到八百岁。

西海陼中①，有神，人面鸟身，珥两青蛇，践两赤蛇，名曰弇兹②。

【注释】

①陼（zhǔ）：通"渚"，水中的小块陆地。

②弇（yān）兹：传说中的神名。

在西海的岛屿上，有一个神，长着人的面孔和鸟的身子，耳朵上挂着两条青蛇，脚底下踩踏着两条红蛇，这神名叫弇兹。

大荒之中，有山名曰日月山，天枢也^①。吴姖天门^②，日月所入。有神，人面无臂，两足反属于头上^③，名曰嘘。颛顼生老童，老童生重及黎，帝令重献上天^④，令黎印下地^⑤，下地是生噎，处于西极，以行日月星辰之行次。

【注释】

①天枢（shū）：天的枢纽。

②吴姖（jù）天门：即天门名。

③反属（zhǔ）：反转着和其他东西相连。

④献：托举。

⑤印：通"抑"，即抑压，向下按。

【译文】

大荒当中，有座山名叫日月山，是天的枢纽。这座山的主峰叫吴姖天门山，是太阳和月亮落下的地方。有一个神，长着一张人脸没有胳膊，两只脚反转着连在头顶上，这神名叫嘘。颛顼帝生了老童，老童生了重和黎，颛顼命令重托着天向上举起来，又命令黎压着地使劲按下去。黎来到地下生了噎，噎就处在大地的最西端，主管着太阳、月亮和星辰运行的次序。

有人反臂，名曰天虞。

【译文】

有个人反长着臂膀，名叫天虞。

有女子方浴月。帝俊妻常羲，生月十有二，此始浴之。

【译文】

有个女子正在洗月亮。帝俊的妻子常羲生了十二个月亮，并开始给月亮洗澡。

有玄丹之山。有五色之鸟，人面有发。爰有青鸩、黄鹜①，青鸟、黄鸟，其所集者其国亡。

【注释】

①青鸩（wén）、黄鹜（áo）：传说中的不祥鸟。

【译文】

有座玄丹山。山上有一种长着五彩羽毛的鸟，这鸟有人的面孔也有头发。这里还有青鸩、黄鹜，也就是青鸟、黄鸟一类的鸟类，它们在哪个国家聚集栖息，那个国家就会灭亡。

有池，名孟翼之攻颛顼之池①。

①孟翼：传说中的人名。

【译文】

有个水池，名叫孟翼攻颛顼池。

大荒之中，有山名曰鏖鏊钜^①，日月所入者。

【注释】

①鏖（áo）鏊（ào）钜（jù）：山名。

【译文】

大荒当中，有座山名叫鏖鏊钜山，是太阳和月亮落下的地方。

有兽，左右有首，名曰屏蓬。

【译文】

有只野兽，左边和右边各长着一个头，名叫屏蓬。

有巫山者。有壑山者。有金门之山，有人名曰黄姖之尸。有比翼之鸟。有白鸟，青翼、黄尾、玄喙。有赤犬，名曰天犬，其所下者有兵。

【译文】

有座山叫巫山。还有座叫壑山。还有座金门山，金门山上有个人叫黄姖尸。有比翼鸟。有白鸟，这鸟长着青色的翅膀，黄色的尾巴，黑色的嘴。有一种红颜色的狗，名叫天犬，它所降临的地方都会发生战争。

　　西海之南，流沙之滨，赤水之后，黑水之前，有大山，名曰昆仑之丘。有神——人面虎身，有文有尾，皆白——处之。其下有弱水之渊环之，其外有炎火之山，投物辄然①。有人戴胜，虎齿，有豹尾，穴处②，名曰西王母。此山万物尽有。

【注释】

①辄（zhé）：副词。然：同"燃"，燃烧。

②处：居。

【译文】

　　在西海的南面，流沙的边沿，赤水的后面，黑水的前面，屹立着一座大山，名叫昆仑丘。有一个神——长着人的脸孔、老虎的身子，身上有花纹，尾巴也有花纹，都是白色斑点——住在这昆仑山上。昆仑山下有条弱水汇聚的深渊环绕，深渊之外有座炎火山，东西一扔到这山上就会燃烧起来。有个人头上戴着玉胜，嘴里长着老虎的牙齿，有豹子的尾巴，在洞穴中居住，名叫西王母。所有的物产在这座山中都能找得到。

　　大荒之中，有山名曰常阳之山，日月所入。

【译文】

大荒当中，有座山名叫常阳山，是太阳和月亮落下的地方。

有寒荒之国。有二人女祭、女薎^①。

【注释】

①女薎（miè）：人名。

【译文】

有个寒荒国。这里有两个人叫女祭、女薎。

有寿麻之国。南岳娶州山女，名曰女虔。女虔生季格，季格生寿麻。寿麻正立无景^①，疾呼无响。爰有大暑^②，不可以往。

【注释】

①景（yǐng）：同"影"，影子。

②大暑：指炙热灼人。

【译文】

有个寿麻国。南岳娶了州山的女儿为妻，她的名字叫女虔。女虔生了季格，季格生了寿麻。寿麻即使站在太阳下也没有影子，向四面高声叫喊却听不到一丁点的回声。这里异常炎热，人不可以前往。

有人无首，操戈盾立，名曰夏耕之尸。故成汤伐夏桀于章山^①，克之，斩耕厥前^②。耕既立，无首，走厥咎^③，乃降于巫山。

【注释】

①成汤：商汤，是商朝的开国君主。夏桀（jié）：夏朝的亡国之君。

②厥：其。这里指代夏桀。

③走（zǒu）："走"的本字，即逃跑、逃避。咎：罪责，责任。

【译文】

有个人没有头颅，拿着一把戈和一面盾牌站着，名叫夏耕尸。过去成汤在章山讨伐夏桀，打败了夏桀，把夏耕斩杀在他的面前。夏耕站立起来以后，发觉自己没了脑袋，为逃避战败的罪咎，于是就逃跑到巫山去了。

有人名曰吴回^①，奇左^②，是无右臂。

【注释】

①吴回：传说中司火之神。

②奇（jī）：单数。这里指两只胳臂只剩下一只。

【译文】

有个人名叫吴回，只有一只左胳臂，没有右胳臂。

有盖山之国。有树，赤皮支干，青叶，名曰朱木。

【译文】

有个盖山国。盖山国有一种树，树皮和枝干都是红色的，叶子是青色的，名叫朱木。

有一臂民。

【译文】

有只长了一条胳臂的一臂民。

大荒之中，有山名曰大荒之山，日月所入。有人焉三面，是颛顼之子，三面一臂，三面之人不死，是谓大荒之野。

【译文】

大荒当中，有一座山，名叫大荒山，是太阳和月亮落下的地方。这里有一种头上三面各长着一张脸的人，是颛顼的后代，有三张面孔一只胳膊，这种有三张面孔的人是永远不死的。这里就是所谓的大荒野。

西南海之外，赤水之南，流沙之西，有人珥两青蛇，乘两龙，名曰夏后开①。开上三嫔于天②，得《九辩》与《九歌》以下。此天穆之野，高二千仞，开焉得始歌《九招》。

【注释】

①夏后开：就是夏启，大禹的儿子。此处是汉朝人避汉景帝刘启的名讳，改"启"为"开"。

②嫔：通"宾"。宾天，就是到天帝那里做客。

【译文】

在西南海以外，赤水以南，流沙的西边，有个人耳朵上挂着两条青蛇，乘坐两条龙，名叫夏启。夏启曾经三次被请到天帝那里做客，得到天帝的乐曲《九辩》和《九歌》之后回到人间。这里就是天穆野，高二千仞，夏启就在这里演唱《九招》。

有氏人之国。炎帝之孙名曰灵恝①，灵恝生氏人，是能上下于天。

【注释】

①灵恝（jiá）：传说中的神名。

【译文】

有个氏人国。炎帝的孙子名叫灵恝，灵恝生了氏人，氏人能在天界和人世之间自由往来。

有鱼偏枯，名曰鱼妇，颛顼死即复苏①。风道北来，天乃大水泉，蛇乃化为鱼，是为鱼妇。颛顼死即复苏。

【译文】

有一种鱼，身子半边干枯，名叫鱼妇，据说是颛顼死
后苏醒过来变化而成的。风从北方吹来，泉水被风从地下
吹了出来，蛇在此时变化为鱼，就是鱼妇鱼。颛顼趁这个
时候把生命寄托在鱼里，死而复苏。

有青鸟，身黄，赤足，六首，名曰鶵鸟①。

【译文】

有一种青鸟，身子黄色，爪子红色，长着六个头，名
叫鶵鸟。

有大巫山。有金之山。西南，大荒之隅，有偏
句、常羊之山。

【译文】

有座大巫山。还有座金山。在西南方，大荒的一个角
落，有偏句山、常羊山。

卷十七

大荒北经

《大荒北经》的篇幅很长，神话素材极其丰厚。

《大荒北经》首先从东北海外的附禺山开始，那里是颛顼的坟墓。这从侧面呼应了《大荒东经》中颛顼是少昊在东海之外抚养长大的事实。附禺山的物产几乎和昆仑一样丰厚，这从侧面体现出颛顼在神话谱系中的重要地位。

《大荒北经》最重要的内容是黄帝和蚩尤的涿鹿之战。这是炎黄神话中极为重要的一个。神话里女魃的形象比较生动，还通过女魃不能上天的神话解释了一些地区干旱的原因，这是古人对自然现象的独特认识。夸父逐日的神话也是《大荒北经》中记载的重要神话，体现了先民和自然搏斗的精神。

《大荒北经》之中仍然有很多与氏族血统有关的记载。比如叔歜国是颛顼后代，犬戎是黄帝的后代，等等。

东北海之外，大荒之中，河水之间，附禺之山，帝颛顼与九嫔葬焉。爰有鸱久、文贝、离俞、鸾鸟、凤鸟、大物、小物^①。有青鸟、琅鸟、玄鸟、黄鸟、虎、豹、熊、罴、黄蛇、视肉、璇、瑰、瑶、碧，皆出卫丘山。丘方员三百里，丘南帝俊竹林在焉，大可为舟。竹南有赤泽水，名曰封渊^②。有三桑无枝，皆高百仞。丘西有沈渊，颛顼所浴。

【注释】

①大物、小物：指颛顼帝和妃子们的陪葬之物。

②封渊：渊名。封，大。

【译文】

在东北海以外，大荒之中，黄河流过的地方，有座附禺山，颛顼帝与他的九个妃嫔就葬在这座山。这里有鸱鹰、花斑贝、离朱鸟、鸾鸟、凤鸟，以及颛顼帝的各种陪葬之物。青鸟、琅鸟、燕子、黄鸟、老虎、豹、熊、罴、黄蛇、视肉兽、璇瑰玉、瑶碧玉也都出产于卫丘山。卫丘方圆三百里，丘南面有帝俊的竹林，那里的竹子大得可以做船。竹林南面有个红色深潭，名叫封渊。有三棵没有枝杈的桑树，都有百仞之高。卫丘西面有个沈渊，是颛顼帝沐浴的地方。

有胡不与之国，烈姓，黍食。

【译文】

有个胡不与国，是烈姓国，吃黄米。

大荒之中，有山，名曰不咸。有肃慎氏之国。有蜚蛭^①，四翼。有虫，兽首蛇身，名曰琴虫。

【注释】

①蜚蛭（fěizhì）：大概是一种能飞的虫子。蜚，通"飞"。蛭是节肢动物的总称，比如水蛭、鱼蛭、山蛭等。

【译文】

大荒当中，有座山名叫不咸山。有个肃慎氏国。有一种能飞的蛭，长有四只翅膀。有一种虫，长着野兽的脑袋蛇的身子，名叫琴虫。

有人名曰大人。有大人之国，釐姓^①，黍食。有大青蛇，黄头，食麈。

【注释】

①釐（xī）：姓。

【译文】

有种人叫大人。有个大人国，是釐姓国，吃黄米。有一种大青蛇，头是黄色的，正吞吃麈。

有榆山。有鲧攻程州之山^①。

【注释】

①程州：古国名。

【译文】

有座榆山。有座鲧攻程州山。

大荒之中，有山名曰衡天。有先民之山。有榃
木千里①。

【注释】

①榃（pán）：同"盘"，盘旋扭曲。

【译文】

大荒当中，有座山名叫衡天。还有座先民山。有一棵
盘旋弯曲的大树，占地面积多达千里。

有叔歜国①，颛顼之子，黍食，使四鸟：虎、
豹、熊、罴。有黑虫如熊状，名曰猎猎。

【注释】

①叔歜（chù）国：古国名。

【译文】

有个叔歜国，其国之人是颛顼帝的后代，吃黄米，能
驯化驱使老虎、豹子、熊和罴这四种野兽。有一种长得和
熊相似的黑色野兽，名叫猎猎。

有北齐之国①，姜姓，使虎、豹、熊、罴。

【注释】

①北齐之国：疑即西周春秋时的齐国。武王封灭纣功
　臣姜尚于此，是为姜齐之始祖。

【译文】

有个北齐国，是姜姓国，能驯化驱使虎、豹、熊和罴。

大荒之中，有山名曰先槛大逢之山，河济所
入，海北注焉。其西有山，名曰禹所积石。

【译文】

大荒当中，有座山叫先槛大逢山，黄河和济水流过这
里，海水从北面注到山中。它的西边也有座山，名叫禹所
积石山。

有阳山者。有顺山者，顺水出焉。有始州之
国，有丹山。

【译文】

有座阳山。有座顺山，顺水就从顺山发源。有个始州
国，始州国里有座丹山。

有大泽方千里，群鸟所解①。

【注释】

①解：这里指鸟更换羽毛。

【译文】

有一个大沼泽方圆千里，是各种禽鸟脱去旧毛换生新毛的地方。

有毛民之国，依姓，食黍，使四鸟。禹生均国，均国生役采，役采生修鞈①，修鞈杀绰人。帝念之，潜为之国，是此毛民。

【注释】

①修鞈（gé）：人名。

【译文】

有个毛民国，是依姓国，吃黄米，能驯化驱使四种野兽。大禹生了均国，均国生了役采，役采生了修鞈，修鞈杀了绰人。大禹哀念绰人无罪被杀，便暗中帮绰人的后代重新建立国家，就是这毛民国。

有儋耳之国①，任姓，禺号子，食谷。北海之渚中，有神，人面鸟身，珥两青蛇，践两赤蛇，名曰禺彊。

【注释】

①儋（dān）耳之国：国名。

【译文】

有个儋耳国，是任姓国，是神人禺号的后代，吃谷米。北海之中的岛屿上，有一个神，长着人的面孔和鸟的身子，耳朵上挂着两条青蛇，脚底下踩踏着两条红蛇，名叫禺彊。

大荒之中，有山名曰北极天柜，海水北注焉。有神，九首人面鸟身，名曰九凤。又有神，衔蛇操蛇③，其状虎首人身，四蹄长肘，名曰彊良。

【注释】

①衔：嘴里叼着，衔着。

【译文】

大荒当中，有座山叫北极天柜山，海水从北面灌注到山中。有一个神，长着九个脑袋，有人的面孔和鸟的身子，名叫九凤。还有一个神，嘴里叼着蛇，手中握着蛇，他长着老虎的脑袋人的身子，有四只蹄子，胳臂很长，这个神叫彊良。

大荒之中，有山名曰成都载天。有人珥两黄蛇，把两黄蛇，名曰夸父。后土生信，信生夸父。夸父不量力，欲追日景①，逮之于禺谷②。将饮河而不足也，将走大泽，未至，死于此。应龙已杀蚩尤，又杀夸父，乃去南方处之，故南方多雨。

【注释】

①景：同"影"，影子。

②逮：追上，赶上。禺谷：地名。

大荒当中，有座山名叫成都载天山。有个人的耳朵上挂着两条黄蛇，手上握着两条黄蛇，名叫夸父。后土生了信，信生了夸父。夸父不自量力，想要追赶太阳的影子，打算在禺谷追到太阳。夸父想用黄河水解渴，结果黄河水根本不够喝，他又准备跑到北方去喝沼泽里的水，还没跑到沼泽就渴死在成都载天山。应龙杀了蚩尤以后又杀了夸父，因他的神力耗尽上不了天，于是就去南方居住，所以南方的雨水很多。

又有无肠之国，是任姓，无继子①，食鱼。

【注释】

①无继子：无继就是前文提到过的无启国。无肠国人是无启国人的后代。

【译文】

又有个无肠国，是任姓国。他们是无继国人的后代，吃鱼类。

共工之臣名曰相繇，九首蛇身，自环①，食于九山。其所歍所尼②，即为源泽，不辛乃苦③，百兽莫能处。禹湮洪水④，杀相繇，其血腥臭，不可生谷，其地多水，不可居也。禹湮之，三仞三沮⑤，乃以为池，群帝因是以为台。在昆仑之北。

【注释】

①自环：自己把身体缠绕起来。

②欨（wū）：恶心呕吐。尼：止息。

③不辛乃苦：不是辛辣就是苦。

④潭（yān）：堵塞，阻塞。

⑤三仞三沮：三是约数，表示次数众多，副词。仞，通"牣"，用东西填充。沮，败坏。这里指地面塌陷。

【译文】

共工有一个臣子名叫相繇，蛇的身子上长了九个头，把身体盘成一团，贪婪地占据着九座山里的食物。他所呕吐和停留过的地方，立即变成大沼泽，沼泽的气味不是辛辣就是苦涩，野兽都不能在这种地方居住。大禹堵塞洪水的时候杀死了相繇，相繇流出来的血又腥又臭，沾染过的地方谷物根本不能生长，那地方还会水涝成灾，人就不能居住。大禹填塞了那些土地，屡次填塞又屡次塌陷，于是只好把它挖成大池子，诸帝用挖出的土造了几座高台，这些高台位于昆仑山的北面。

有岳之山，寻竹生焉①。

【注释】

①寻竹：就是大竹。寻，长。

【译文】

有座岳山，寻竹就生长在这座山上。

大荒之中，有山名不句，海水北入焉。

【译文】

大荒当中，有座山叫不句山，海水从北面灌注到山中。

有系昆之山者，有共工之台，射者不敢北乡。有人衣青衣，名曰黄帝女魃①。蚩尤作兵伐黄帝②，黄帝乃令应龙攻之冀州之野。应龙畜水，蚩尤请风伯雨师，纵大风雨。黄帝乃下天女曰魃，雨止，遂杀蚩尤。魃不得复上，所居不雨。叔均言之帝，后置之赤水之北。叔均乃为田祖③。魃时亡之④。所欲逐之者，令曰："神北行！"先除水道，决通沟渎⑤。

【注释】

①女魃（bá）：传说中的秃头女神，她所到的地方就
　会大旱。

②兵：兵器，兵刃。

③田祖：主管田地农耕的神。

④时亡之：指女魃被人们所厌弃，经常四处逃亡。亡，
　逃亡。

⑤渎（dú）：沟渠。

【译文】

有座山叫系昆山，上面有共工台，射箭的人因敬畏共工的神威，都不敢朝北方开弓。有一个人穿着青色衣服，她就是黄帝女魃。蚩尤制造了各种兵器用来攻击黄帝，黄

帝派应龙到冀州的原野去攻打蚩尤。应龙蓄积了很多水，蚩尤请来风伯和雨师制造了一场大风雨。黄帝就降下名叫魃的天女来助战，风雨就止住了，于是应龙得以杀死蚩尤。女魃耗尽神力无法再回到天上了，她在人间居留的地方滴雨不下。叔均将此事禀报给黄帝，后来黄帝就把女魃安置在赤水北边。叔均做了掌管土地农田的神。女魃常常到处流亡，所到之处都会出现旱情。当地人要驱逐她，就会祷告说："神啊请向北去吧！"祷告之前要清理水道，疏通大小沟渠。

有人方食鱼，名曰深目民之国，盼姓^①，食鱼。

【注释】
①盼（fēn）：传说中的姓。

【译文】
有人正在吃鱼，这个国叫深目民国，是盼姓国，吃鱼类。

有锺山者。有女子衣青衣，名曰赤水女子魃。

【译文】
有座锺山。有个穿青色衣服的女子，名叫赤水女魃。

大荒之中，有山名曰融父山，顺水入焉。有人名曰犬戎。黄帝生苗龙，苗龙生融吾，融吾生弄明，弄明生白犬，白犬有牝牡^①，是为犬戎，肉食。

有赤兽，马状无首，名曰戎宣王尸。

【注释】

①牝牡（pìnmǔ）：牝，公。牡，母。

【译文】

大荒当中，有座山名叫融父山，顺水就流入这座山。有一族人名叫犬戎。黄帝生了苗龙，苗龙生了融吾，融吾生了弄明，弄明生了白犬，白犬有一公一母，便繁衍出犬戎族人，这族人吃肉类。有种红色的野兽，形状像马却没有脑袋，名叫戎宣王尸。

有山名曰齐州之山、君山、鬵山、鲜野山、鱼山①。

【注释】

①鬵（qiǎn）山：山名。

【译文】

有齐州山、君山、鬵山、鲜野山、鱼山。

有人一目，当面中生。一曰是威姓，少昊之子，食黍。

【译文】

有种人长着一只眼睛，这只眼睛长在脸正中间。一种说法认为他们姓威，是少昊的后代，吃黄米。

有无继民，无继民任姓，无骨子①，食气、鱼。

【注释】

①无骨：即人无骨，这是指一个部族。

【译文】

有种人叫无继民，无继民姓任，是无骨民的后代，吃鱼类，并擅长吐纳。

西北海外，流沙之东，有国名曰中𬨎①，颛顼之子，食黍。

【注释】

①中𬨎（biǎn）：古国名。

【译文】

在西北方的海外，流沙的东面，有个国家叫中𬨎国，这国的人是颛顼的后代，吃黄米。

有国名曰赖丘。有犬戎国。有人，人面兽身，名曰犬戎。

【译文】

有个国家叫赖丘国。还有个犬戎国。有种人长着人的面孔野兽的身子，名叫犬戎。

西北海外，黑水之北，有人有翼，名曰苗民。

颛顼生骦头，骦头生苗民，苗民釐姓，食肉。有山名曰章山。

【译文】

在西北方的海外，黑水的北岸，有一种长翅膀的人，名叫苗民。颛顼生了骦头，骦头生了苗民，苗民姓釐，吃肉为生。还有一座山名叫章山。

大荒之中，有衡石山、九阴山、灰野之山，上有赤树，青叶，赤华，名曰若木。

【译文】

大荒当中，有衡石山、九阴山、灰野山，山上有种红色的树木，这树有青色的叶子和红色的花朵，名叫若木。

有牛黎之国。有人无骨，儋耳之子。

【译文】

有个牛黎国。这国的人身上没有骨头，他们是儋耳国人的后代。

西北海之外，赤水之北，有章尾山。有神，人面蛇身而赤，身长千里，直目正乘^①，其瞑乃晦，其视乃明，不食，不寝，不息，风雨是谒^②。是烛九阴^③，是谓烛龙。

【注释】

①直目：眼睛是立起来的。乘：同"朕"，缝隙。

②谒：同"噎"，吞食、吞咽。

③烛：照亮。九阴：极为阴暗的地方。九是表示程度的副词。

【译文】

在西北方的海外，赤水的北边，有座章尾山。有个神，长着人的面孔和蛇的身子，全身红色，身体长达千里，立着生长的眼睛正中有合成一条缝的眼皮，他闭上眼睛就是黑夜、睁开眼睛就是白昼，不吃饭不睡觉不呼吸，只吸吮风雨为食。他能照耀极为阴暗的地方，他就是所说的烛龙。

卷十八

海内经

　　《海内经》的记载比较杂乱，海内各个方位的地理、物产、部族都有所涉及。

　　这一点在一开头就有所表现，比如第一段把朝鲜和天毒并列，恐怕是因为《山海经》流传过程中简牍散乱导致的。在叙述过东海之内的朝鲜之后，立即就跳到了西海的壑市，之后又记载了流沙周围的国家。

　　《海内经》还记载了南方的地理风物和山川河流。记载的顺序大致由西向东，前面提到过的巴、赣巨人、苍梧之丘都再次出现。之后又跳到北方，前文没有的幽都之山在这里出现。

　　最值得重视的是《海内经》中出现了一些关于中华文明起源的神话。比如帝俊生晏龙，晏龙发明琴瑟。帝俊有子八人，创制歌舞，等等。这是关于文化发源惯常的解释。

　　《海内经》还记载了我国的洪水创世神话，那就是大禹的父亲鲧盗窃息壤被天帝处死，大禹从父亲的遗体中诞生，最终平治洪水划分九州的故事。这其中充满了悲剧色彩。

东海之内，北海之隅，有国名曰朝鲜、天毒^①，其人水居^②，偎人爱人^③。

【注释】

①天毒：据古人所说就是天竺国，即现代的印度。印度和朝鲜并不相邻，可能是错简所致。

②水居：在水边居住。

③偎：爱。

【译文】

在东海以内，北海的角落，有个国家名叫朝鲜，还有一个国家叫天毒，天毒国的人在水边定居，性格柔顺慈爱，喜欢怜悯人。

西海之内，流沙之中，有国名曰壑市。

【译文】

在西海以内，流沙的中央，有个国家名叫壑市国。

西海之内，流沙之西，有国名曰氾叶。

【译文】

在西海以内，流沙以西，有个国家名叫氾叶国。

流沙之西，有鸟山者，三水出焉。爰有黄金、璿瑰、丹货、银铁^①，皆流于此中。又有淮山，好水出焉。

【注释】

①璿（xuán）瑰：次于玉的美石。丹货：具体所指不详，疑为朱砂、铁矿、硫黄一类矿物质。

【译文】

流沙以西有座鸟山，有三条河流发源于这座山。这里有黄金、璿瑰玉、丹货、银铁，全都产于这些河流的沿岸。又有座淮山，好水就是从淮山发源。

流沙之东，黑水之西，有朝云之国、司彘之国。黄帝妻雷祖①，生昌意，昌意降处若水，生韩流。韩流擢首、谨耳、人面、豕喙、麟身、渠股、豚止②，取淖子曰阿女，生帝颛顼。

【注释】

①雷祖：又作"嫘祖"。

②擢（zhuó）首：这里指物体因牵拉变形的样子。引申为长。擢，拔。渠股：两条腿长在一起。渠，通"𧿲"，并生。豚（tún）止：猪蹄。豚，幼猪。止，同"趾"。

【译文】

在流沙东面，黑水的西岸，有朝云国、司彘国。黄帝的妻子雷祖生了昌意，昌意自天上降到若水居住，生下韩流。韩流长着长长的脑袋、小小的耳朵，有人的面孔、猪的嘴、麒麟的身子、两腿并生、小猪一样的蹄子，韩流娶了淖子族的阿女为妻，生下颛顼帝。

流沙之东，黑水之间，有山名不死之山。

【译文】

在流沙的东面，黑水流过的地方，有座山叫不死山。

华山青水之东，有山名曰肇山。有人名曰柏子高，柏子高上下于此，至于天。

【译文】

在华山青水的东面，有座山叫肇山。有个仙人名叫柏子高，柏子高从肇山上上下下，可以直达天界。

西南黑水之间，有都广之野，后稷葬焉。其城方三百里，盖天地之中，素女所出也。爰有膏菽、膏稻、膏黍、膏稷①，百谷自生，冬夏播琴②。鸾鸟自歌，凤鸟自舞，灵寿实华③，草木所聚。爰有百兽，相群爰处④。此草也，冬夏不死。

【注释】

①菽（shū）：豆类的总称。

②播琴：播种。

③灵寿实华：灵寿就是上文所说的椐树。实，结果子。

华，开花。

④相群爰处：在这里聚集。

【译文】

在西南边黑水流过的地方，有个地方叫都广野，后稷就葬在这里。它的疆域方圆有三百里，是天和地的中心，有名的神女素女便出现在这个地方。这里出产膏菽、膏稻、膏黍、膏稷，各种谷物能够自然成长，冬夏两季都能播种。鸾鸟在这里自由自在地歌唱，凤鸟在这里自由自在地舞蹈，灵寿树在这里开花结果，各种草木茂盛。这里有各种禽鸟野兽，全都群居相处。这里生长的草，无论冬夏都不会枯死。

南海之内，黑水青水之间，有木名曰若木，若水出焉。

【译文】

在南海以内，黑水青水流过的地方，有种树木名叫若木，若水就从若木的产地发源。

有窫中之国。有列襄之国。有灵山，有赤蛇在木上，名曰蠕蛇①，木食。

【注释】

①蠕（rú）蛇：一种赤色的蛇。

【译文】

有个窫中国。有个列襄国。有座灵山，山中的树上有种红色的蛇，叫蜹蛇，以树木为食物。

有盐长之国。有人焉鸟首，名曰鸟氏。

【译文】

有个盐长国。这里的人长着鸟一样的脑袋，叫做鸟民。

有九丘，以水络之^①，名曰陶唐之丘、叔得之丘、孟盈之丘、昆吾之丘、黑白之丘、赤望之丘、参卫之丘、武夫之丘、神民之丘。有木，青叶紫茎，玄华黄实，名曰建木，百仞无枝，上有九樆^②，下有九枸^③，其实如麻，其叶如芒，大皞爰过^④，黄帝所为^⑤。

【注释】

①络：环绕。

②樆（zhú）：弯弯曲曲的树枝。

③枸：盘根错节的树枝。

④大皞（hào）：就是太昊，传说中的上古帝王，风姓。爰过：从这里经过。

⑤黄帝所为：黄帝所造作。

【译文】

有九座山丘，全都被水环绕，名字分别叫陶唐丘、叔得丘、孟盈丘、昆吾丘、黑白丘、赤望丘、参卫丘、武夫丘、神民丘。有种树木，有青色的叶子和紫色的茎干，黑色的花朵和黄色的果实，这树叫建木，树干高达百仞，树干上并不生长枝条，只有树顶上有很多盘桓曲折的枝桠，树底下有很多盘旋交错的根节，这树的果实像麻子，叶子像芒树叶。大暤就凭借建木登上天界，那是黄帝制作的天梯。

　　有窫窳①，龙首，是食人。有青兽，人面，名曰猩猩。

【注释】
①窫窳（yàyǔ）：古代传说中的一种吃人怪兽。
【译文】
　　有窫窳兽，长着龙的脑袋，吃人。还有一种青色的野兽长着人的面孔，名叫猩猩。

　　西南有巴国。大暤生咸鸟，咸鸟生乘釐，乘釐生后照，后照是始为巴人。

【译文】
　　西南边有个巴国。大暤生了咸鸟，咸鸟生了乘釐，乘釐生了后照，后照就是巴国人的祖先。

　　有国名曰流黄辛氏，其域中方三百里，其出是麈①。有巴遂山，渑水出焉②。

【注释】

①麈（zhǔ）：鹿类，也名驼鹿，俗称四不像。

②渑（shéng）水：古水名。又作"绳水"。

【译文】

有个国家叫流黄辛氏国，它的疆域方圆三百里，这里出产麈。还有座巴遂山，渑水就从这座山发源。

又有朱卷之国。有黑蛇，青首，食象。

【译文】

又有个朱卷国。这里有一种黑色的大蛇，这蛇长着青色的脑袋，能吞吃大象。

南方有赣巨人①，人面长唇，黑身有毛，反踵，见人则笑，唇蔽其面，因可逃也。

【注释】

①赣（gàn）巨人：传说中的怪人。

【译文】

南方有一种赣巨人，长着人的面孔，嘴唇很长，黑黑的身上遍体生毛，脚尖朝后脚跟朝前，看见人就发笑，一笑嘴唇就会遮住他的脸，人一靠近，它就立即逃走。

又有黑人，虎首鸟足，两手持蛇，方啖之①。

【注释】

①啖（dàn）：吃，嚼。

【译文】

　　还有一种黑人，长着老虎的脑袋，禽鸟的爪子，两只手握着蛇，正要吞食它们。

　　有赢民^①，鸟足。有封豕。

【注释】

①赢（yíng）：古代姓氏。

【译文】

　　有种人叫做赢民，长着鸟一样的爪子。还有大野猪。

　　有人曰苗民。有神焉，人首蛇身，长如辕，左右有首，衣紫衣，冠旃冠^①，名曰延维，人主得而飨食之^②，伯天下^③。

【注释】

①旃（zhān）：红色的曲柄旗，一种仪仗。这里指红色。

⑤飨（xiǎng）：祭祀时向神祭献。

⑥伯（bà）：即霸，诸侯的主宰。

【译文】

　　有种人称作苗民。苗民之地有一个神，长着人的脑袋蛇的身子，身躯有车辕那么长，左右各长了一个脑袋，穿着紫色衣服，戴着红色帽子，名叫延维，君主得到它后用厚礼祭祀，就可以称霸天下。

有鸾鸟自歌，凤鸟自舞。凤鸟首文曰"德"，翼文曰"顺"，膺文曰"仁"，背文曰"义"，见则天下和①。

【注释】
①见：同"现"，出现。
【译文】
有鸾鸟在自由自在地歌唱，有凤鸟在自由自在地舞蹈。凤鸟头上的花纹是"德"字，翅膀上的花纹是"顺"字，胸脯上的花纹是"仁"字，脊背上的花纹是"义"字，它一出现天下就会太平。

又有青兽如菟，名曰菌狗①。有翠鸟。有孔鸟②。

【注释】
①菌（jùn）："菌"的古字。
②孔鸟：可能是孔雀。
【译文】
又有种青色的野兽像兔子，名叫菌狗。有翠鸟。有孔雀。

南海之内，有衡山，有菌山，有桂山。有山名三天子之都。

【译文】

南海以内，有座衡山，有座菌山，还有座桂山。还有座山叫三天子都山。

南方苍梧之丘，苍梧之渊，其中有九嶷山^①，舜之所葬。在长沙零陵界中。

【注释】

①九嶷（yí）山：山名，传说中帝舜的葬地。在今湖南宁远南。

【译文】

南方有山丘叫苍梧丘，还有一个叫苍梧渊的深渊，苍梧丘和苍梧渊之间有座九嶷山，是埋葬舜帝的地方。九嶷山位于长沙零陵界内。

北海之内，有蛇山者，蛇水出焉，东入于海。有五采之鸟，飞蔽一乡，名曰翳鸟^①。又有不距之山，巧倕葬其西^②。

【注释】

①翳（yì）鸟：即凤凰。

②巧倕（chuí）：也作"巧垂"，传说是尧时的巧匠。

【译文】

在北海之内，有座蛇山，蛇水就从蛇山发源，并向东流入大海。有一种长着五彩羽毛的鸟，成群飞起的时候可以遮蔽一个乡村的上空，这鸟名叫鹥鸟。还有座不距山，巧倕就葬在不距山西面。

北海之内，有反缚盗械、带戈常倍之佐①，名曰相顾之尸。

【注释】

①倍：通"背"，背叛。佐：一类人。

【译文】

在北海之内，有一个被反绑着戴刑具、带着兵器图谋叛乱的臣子，名叫相顾尸。

伯夷父生西岳，西岳生先龙，先龙是始生氐羌，氐羌乞姓。

【译文】

伯夷父生了西岳，西岳生了先龙，先龙的后代就是氐羌，氐羌人是乞姓。

北海之内，有山，名曰幽都之山，黑水出焉。其上有玄鸟、玄蛇、玄豹、玄虎、玄狐蓬尾①。有大玄之山。有玄丘之民。有大幽之国。有赤胫之民②。

【注释】

①蓬尾：尾巴上的毛发蓬松。

②赤胫之民：膝盖以下为红色的一种人。胫，小腿。

【译文】

北海以内，有一座山，名叫幽都山，黑水从这座山发源。山上有黑鸟、黑蛇、黑豹、黑虎，有尾巴蓬松的黑色狐狸。有座大玄山。有玄丘民。有个大幽国。有一种小腿是红色的人。

有钉灵之国，其民从㊞以下有毛①，马蹄善走②。

【注释】

①㊞（xī）：同"膝"，膝盖。

②马蹄：长着马一样的蹄子。走：奔跑。

【译文】

有个钉灵国，那里的人从膝盖以下的腿上长着毛，有马一样的蹄子善于快跑。

炎帝之孙伯陵，伯陵同吴权之妻阿女缘妇①，缘妇孕三年，是生鼓、延、殳②。殳始为侯，鼓、延是始为钟，为乐风。

【注释】

①同：即"通"，私通。

②殳（shū）：人名。

【译文】

炎帝的孙子叫伯陵，伯陵私通于吴权的妻子阿女缘妇，阿女缘妇怀孕三年，才生下鼓、延、殳三个孩子。殳发明了箭靶，鼓、延二人发明了钟，创制了乐曲和音律。

黄帝生骆明，骆明生白马，白马是为鲧。

【译文】

黄帝生了骆明，骆明生了白马，白马就是鲧。

帝俊生禺号，禺号生淫梁，淫梁生番禺，是始为舟。番禺生奚仲，奚仲生吉光，吉光是始以木为车。

【译文】

帝俊生了禺号，禺号生了淫梁，淫梁生了番禺，番禺发明了船。番禺生了奚仲，奚仲生了吉光，吉光最早用木头制作出车子。

少暤生般①，般是始为弓矢。

【注释】

①少暤：少暤号称金天氏，传说中上古的帝王。

【译文】

少暤生了般，般发明了弓箭。

帝俊赐羿彤弓素矰①，以扶下国②，羿是始去恤下地之百艰③。

【注释】

①彤（tóng）弓素矰（zēng）：都是礼器。彤，红色。
　素，白色。矰，一种用白色羽毛装饰并系着丝绳的箭。
②扶：扶助。
③恤（xù）：体恤，救济。下地：人间，人世。百艰：
　各种艰难。

【译文】

帝俊赏赐给后羿红色的弓和带白色矰的箭，让后羿用他
的箭术去扶助下界各国，后羿就开始去救济人世的各种困苦。

帝俊生晏龙，晏龙是为琴瑟。

【译文】

帝俊生了晏龙，发明了琴瑟这两种乐器。

帝俊有子八人，是始为歌舞。

【译文】

帝俊有八个儿子，他们创制了歌曲和舞蹈。

帝俊生三身，三身生义均，义均是始为巧倕，
是始作下民百巧。后稷是播百谷。稷之孙曰叔均，
是始作牛耕。大比赤阴①，是始为国。禹、鲧是始

布土^②，均定九州。

【注释】

①大比赤阴：比，疑为"妣"。妣就是母亲。而"赤阴"的古音与"姜嫄"相近，而据古史传说，姜嫄是后稷的母亲，这可与上下文相合。大妣应该是对女性始祖的敬称。

②布：施，敷。

【译文】

帝俊生了三身，三身生了义均，义均便是世人所说的巧倕，巧倕把各种工艺技巧传授到人间。后稷播种各种农作物。后稷的孙子是叔均，叔均发明了用牛耕田的技巧。后稷的母亲姜嫄最初建立了国家。大禹和鲧最初整治国土治理洪水，并规划度量了九州。

炎帝之妻，赤水之子听訞生炎居^①，炎居生节并，节并生戏器，戏器生祝融。祝融降处于江水，生共工。共工生术器，术器首方颠^②，是复土壤，以处江水。共工生后土，后土生噎鸣，噎鸣生岁十有二。

【注释】

①听訞（tiān）：人名。

②首方颠：头顶平。

【译文】

炎帝的妻子，也就是从赤水氏娶来的女儿听訞生下了炎居，炎居生了节并，节并生了戏器，戏器生了祝融。祝融从天界下降到江水居住，生了共工。共工生了术器。术器的头顶是方形的，他恢复了先祖的土地，居住在长江。共工生了后土，后土生了噎鸣，噎鸣生了一年的十二个月。

洪水滔天。鲧窃帝之息壤以堙洪水①，不待帝命。帝令祝融杀鲧于羽郊。鲧复生禹。帝乃命禹卒布土以定九州。

【注释】

①息壤：神话传说中的一种能够不断自我生长的土壤。

【译文】

到处都是漫天大水。鲧没有得到天帝的命令，就擅自偷盗了天帝的息壤来堵塞洪水。天帝命令祝融把鲧处死在羽山郊外。禹是从鲧遗体的肚子里生出来的。天帝后来命令禹整治国土治理洪水，并最终划定了九州的区域。